ボケない大人の はきはき 滑舌（かつぜつ） ドリル

新版

フリーランスアナウンサー・話し方&ア[illegible]ンス講師

花形一[illegible]

メイツ出版

はじめに

みなさんは、話していて、口が回らない、声を出しにくい、聞き返される、ズバリ滑舌が悪いと言われるなど、気になることはありませんか? このような思いがあると話すことに臆病になってしまいますね。一方で、気持ちよく声が出せて滑らかに話せると、自分が笑顔になれるだけではなく、周りにも笑顔が増えていきます。

私は、長くアナウンサーとして仕事をし、その中で長年にわたり、上手に話せるようになりたい、滑舌をよくしたい、アナウンサーや司会者になりたいという人たちに、発声、滑舌を含む話し方を指導してきました。

生徒さんを見ていると、初めはぼそぼそと話して、なんとなく表情も暗く、自信がなさそうな雰囲気だったのに、思うように声が出せて滑らかに話せるようになるにつれて、どんどんと表情が明るくなっていくことがわかります。声や話し方に自信がなく人前に出ることが好きではなかったあるシニア世代の生徒さんは、声が出てはっきり話せるようになるとどんどん人と話すようになり、近々趣味の教室を開いて講師をしたいとの目標ができました。また、滑舌練習を日課にした人は、朝から元気になったと。仕事をうまく進められたと知らせてくれた人もいます。

私自身の滑舌練習の経験と、このような生徒さんたちを見て、私は、滑舌のトレーニングには3つの効果があることを確信しました。

1　全身エクササイズになる

お腹からしっかりと声を出すと、体があたたまって代謝がよくなります。血流がよくなって体のすみずみにまで酸素が届けられ、一つひとつの細胞や各部分の機能がしっかりと働きだします。姿勢を保つ筋肉や、口を動かす筋肉、表情をつくる筋肉、体幹部の筋肉などたくさんの筋肉を使うので、全身エクササイズをしているのと同じような感覚が得られるのです。体調がすっきりして、顔色もよくなることが実感できるでしょう。体と心はつながっているので、体の調子がよくなると、心も明るくなってきます。

2 脳のトレーニングになる

発音する時に、顎を大きく動かしますから、それが脳への刺激となります。さらに、この本のトレーニングでは、口の形を意識してしっかり動かすことが求められますから、集中力が必要です。自分の出す声を聞こうと意識を向け、よりクリアな発音ができるように工夫したり、本に書かれた文字の並びを目で追って間違えないようにはっきり言うといった作業に前向きに集中することで、脳が活性化されていきます。

3 コミュニケーション力が向上する

楽に、楽しく、思い切り、声を出して滑らかに話せるようになってくると、だんだん声を出すのが嬉しくなってきます。話し方にも自信がでてきます。声も、見た目も若々しくなって、人と話すことが楽しくなり、知らず知らずのうちにコミュニケーション力が向上していきます。人と会って話をすることは、一番のボケ防止になります。

いかがですか？　しっかり口を動かし声を出すことはいいことづくめだということがおわかりいただけたでしょうか。

本書では、これまで私が、約１０，０００人の人たちに、発声・滑舌を含む話し方を指導してきた経験をもとに、ご自宅でも短時間で確実に、滑舌をよくし、よい声が出せるようになるための練習法を紹介しています。

発声や発音を改善し、滑らかで的確な口や舌の動きになると、

・話が聞き取りやすくなる
・表情豊かになる
・話にテンポが出ていきいきとした印象になる
・響きのある、通る声になる
・楽に話せて、喉が痛くならない

などなどの効果があらわれます。

ポイントは、何となく練習をするのではなく、注意すべき点に意識を向けて練習を繰り返すこと。意識を向けるかどうかで、その効果は大きく変わってきます。

心は自由に楽しく！　口を動かし声を出し、頭スッキリ体あったか！

この本をいつでも手元に置いて、繰り返し練習をしていただければ嬉しく思います。

花形　一実

基本編

姿勢、呼吸、発声、発音の基本はとても大切です。今まであまり意識することがなかったかもしれませんが、日常生活にも取り入れて、いつでもできるようにしましょう。

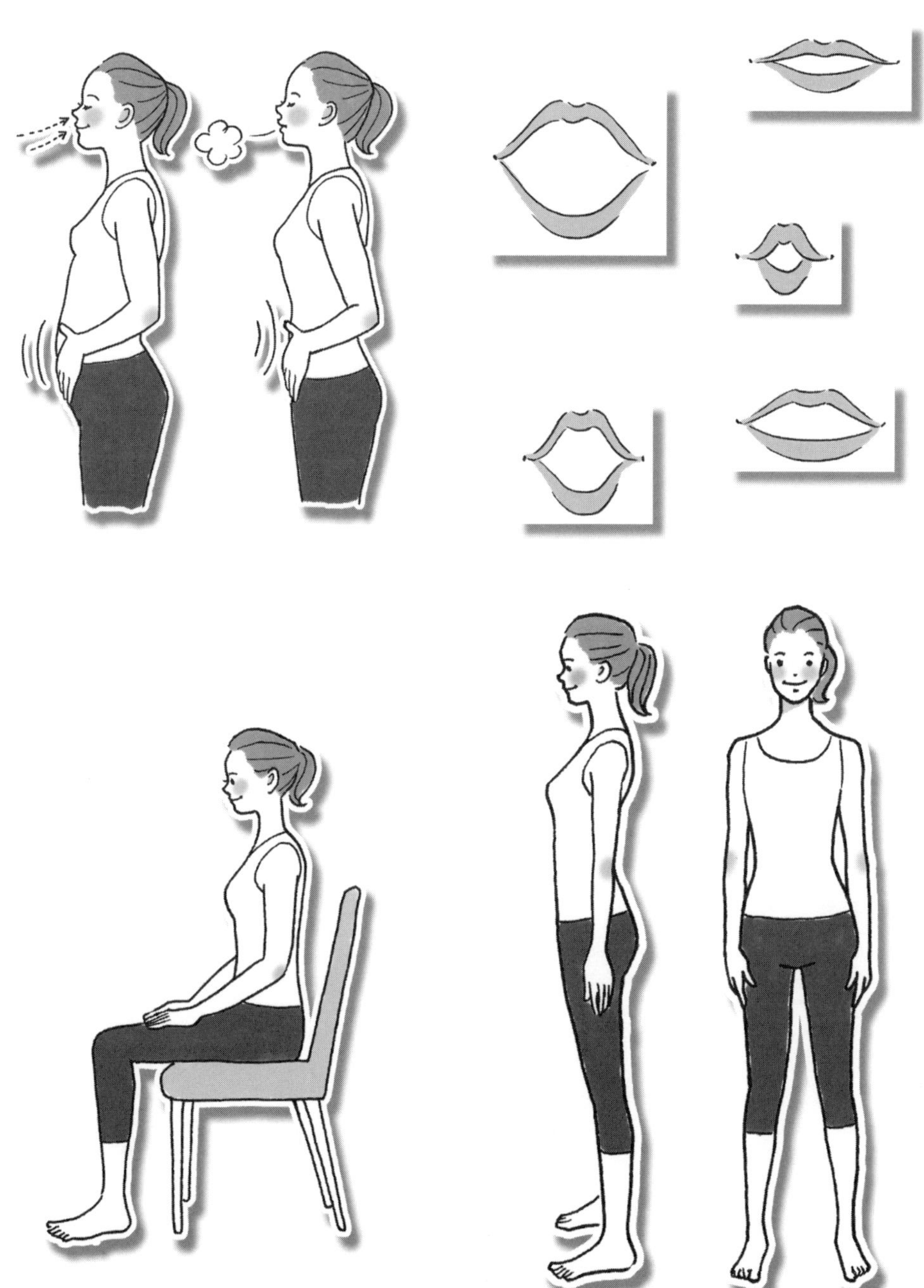

1 よい発声は、よい姿勢から

よい姿勢で気持ちよく声を出し、滑舌よく話すことを目指しましょう。まずは、自分の姿勢の確認です。鏡があれば見てチェックしてくださいね。

こんな人はいませんか？

✕背中が丸まっている
✕うつむいている
✕視線が下に落ちている
✕体が左右どちらかに傾いている

座っている場合はさらに

✕足を組んでいる
✕頬杖をついている
✕机に両腕をつきもたれかかっている

このような姿勢では、体の軸が歪んで声の通りが悪くなる上に、口の動きも鈍ってしまいます。

よい姿勢を保つレッスン

図のようなよい姿勢を心掛けましょう。

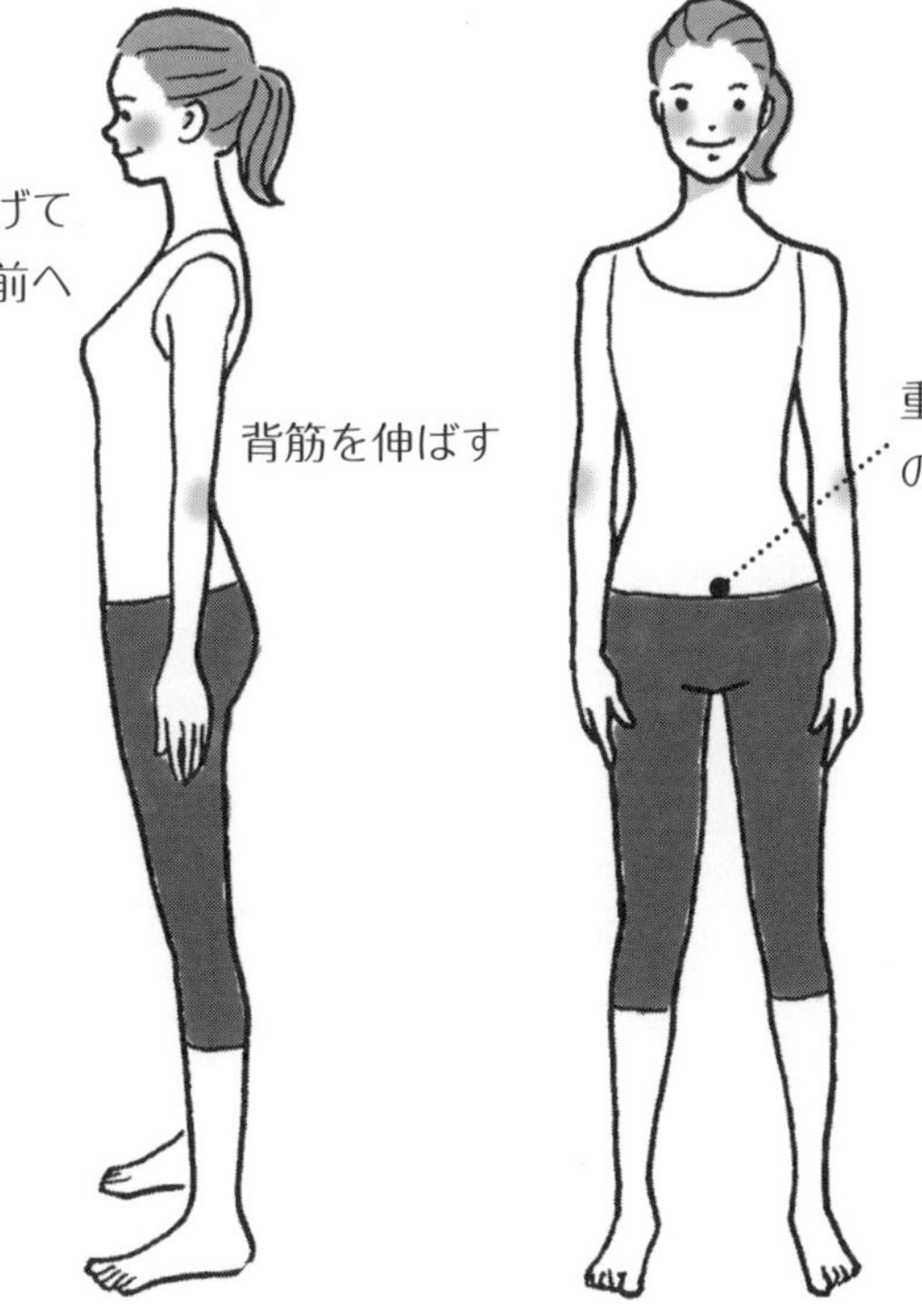

足の開きは肩幅位。体重は両足均等に

両足の裏は床に

☆反り返ったり、肩が上がらないように、体の余分な力を抜きましょう。

☆いつも明るい表情を心掛けましょう。

よい姿勢のまま声を出してみましょう。悪い姿勢では声を出しづらく、よい姿勢では声を出しやすいのがわかりますか？　日ごろから意識することで、自然によい姿勢がとれるようになります。

2 腹式呼吸～お腹を意識して呼吸をしましょう

明瞭に話すためには、呼吸の仕方も大切です。

安定した呼吸で余裕をもって声を出すことができれば、話は聞き取りやすくなります。その反対に浅い呼吸で息継ぎが多かったり、呼吸が乱れていては、声が聞き取りにくいだけでなく、話している自分も苦しく喉への負担も大きくなります。

ところが、普段の生活で私たちは、いつのまにか浅い呼吸になってしまっていることが多いのです。忙しい、焦るなどストレスがかかると一層呼吸は浅くなります。

喉を緊張させることなく大きな呼吸のできる腹式呼吸を身につけ、ゆとりを持って相手に届く声で話すことを目指しましょう。

腹式呼吸のレッスン

(1)　よい姿勢をとったら、口から息を6～10秒ぐらいかけて一定の強さで細く長く吐きます。(お腹がへこんでいきます)

(2)　息を吐ききったら、へこませたお腹の力を抜くと、息がスッと自然に入ってきてお腹が膨らみます。このとき、主に鼻から2～3秒で吸うようにします。

(1)と(2)を繰り返すことで、自然な流れで呼吸ができます。

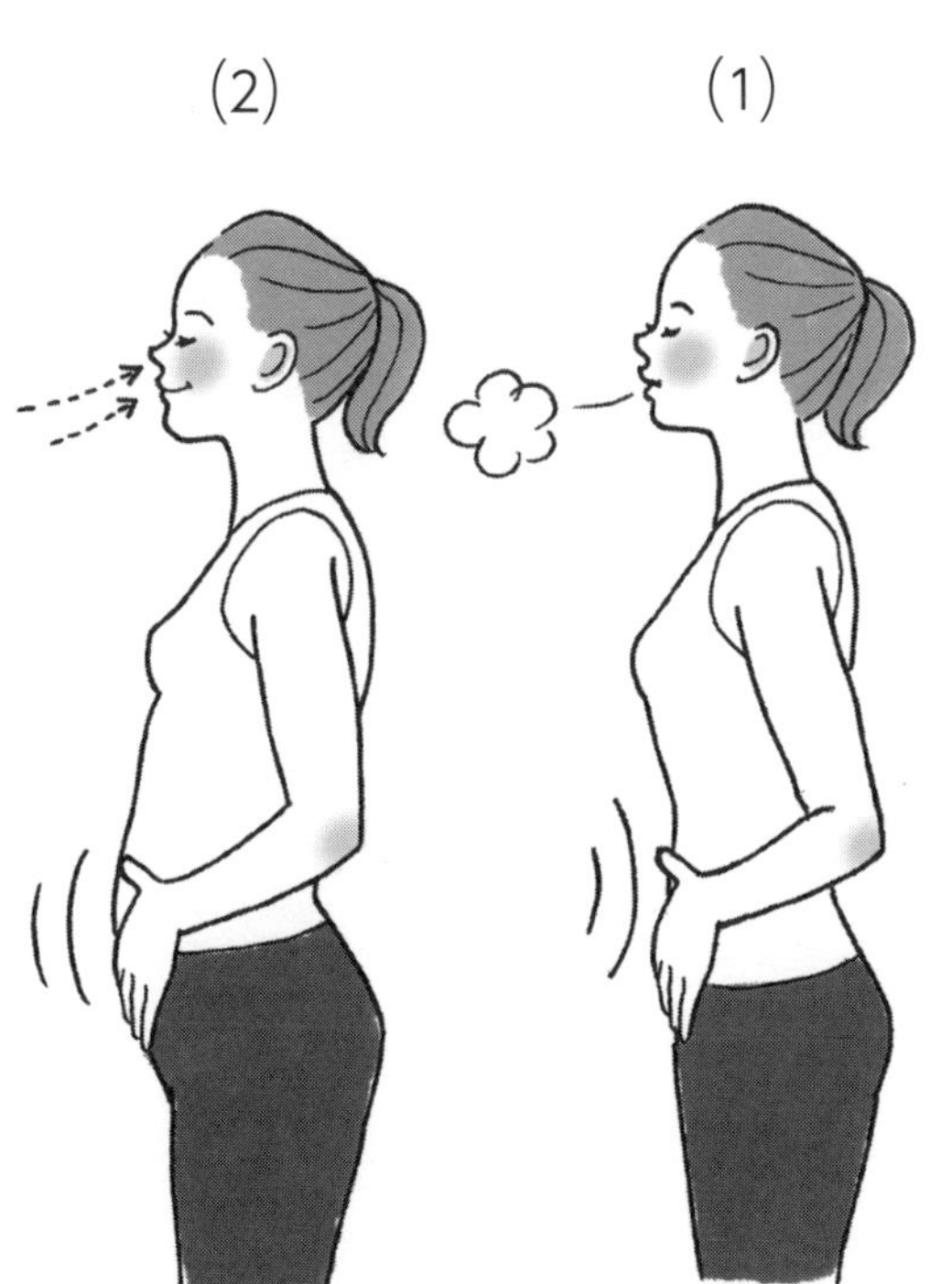

【これはNG!】

×呼吸に合わせて肩を上下させる

×呼吸に合わせて胸を張ったり背中を丸めたりを繰り返す

アナウンサーや、俳優、歌手など、声を出す仕事の人は、腹式呼吸で呼吸をコントロールしています。だから、長時間しっかりした声を出し、様々な表現をすることができるのです。

3 力を抜いて声を出しましょう

最近なんだかスムーズに声を出しづらくなったなぁなどと感じ始めると、ついつい喉や体に力を入れて大きな声を出そうとしてしまいがちですね。これでは、がんばった割には思ったように声が出ず、喉が痛くなる、うまく話せなくなるなど悩みは深まってしまいます。

相手にはっきり届く声を出そうと思ったら、力まずに声を出すことが大切なのです。

余分な力を入れずに、楽に響いて通る声を出せると聞き取りやすさが増し、話しやすくもなります。思うように話せると、話すのが楽しくなってきます。早速、声を出してみましょう。

力を抜いて声を出すレッスン

(1)　姿勢を整えたら、腹式呼吸で息を吸い、吐く息で「あーー…」と続けて10秒を目標に声を出しましょう。

☆このとき声が小さ過ぎないように。

5メートルぐらい前の人に届けるイメージで声を出しましょう。

☆決して力まずに、お腹で支える感じで、一定の強さの声を保ちましょう。

発展練習

□10秒が楽にできるようになったら、15秒に挑戦しましょう。

……**できた⬇よいですね！**

□15秒が楽にできるようになったら、20秒に挑戦しましょう。

……**できた⬇すばらしい！**

□20秒が楽にできるようになったら、25秒に挑戦しましょう。

……**できた⬇プロ並みです！**

寝起きでボソボソと話すときのような低いこもった声ではなく、少し高めのトーンで、張りのある明るい声を意識し、いつでもこの声を出せるようにしましょう。聞き取りやすさが増します。

4 母音を発音しましょう

5つの母音「アイウエオ」は全ての音（ンを除く）に含まれているので、これらをしっかり発音できるようになると、全ての音が聞き取りやすくなります。

アイウエオを、はっきり聞こえるように言ってみましょう。

ア……一番大きく口を開く。㊟力んで横にガバッと開かない。

オ……「ア」から、縦に口を少しすぼめる。

ウ……「オ」から、軽く口をすぼめる。

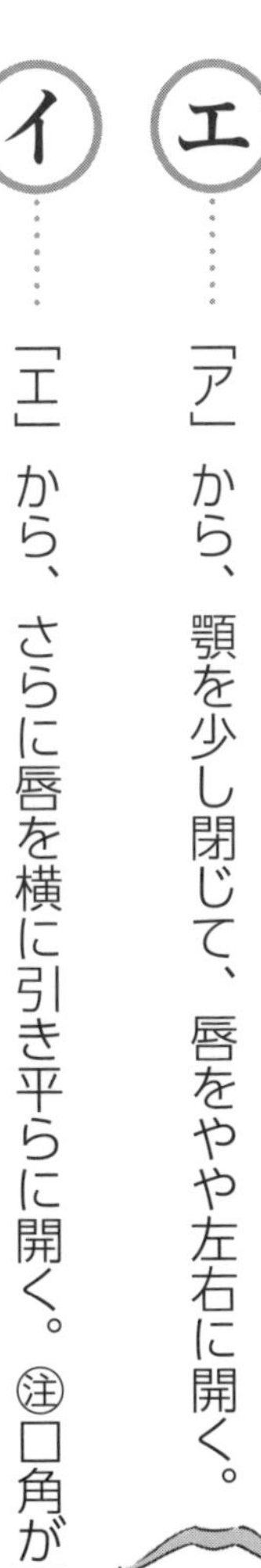

エ 「ア」から、顎を少し閉じて、唇をやや左右に開く。

イ 「エ」から、さらに唇を横に引き平らに開く。㊟口角が下がらない。

唇に力が入り過ぎないように楽に口を動かして、声を出しましょう。

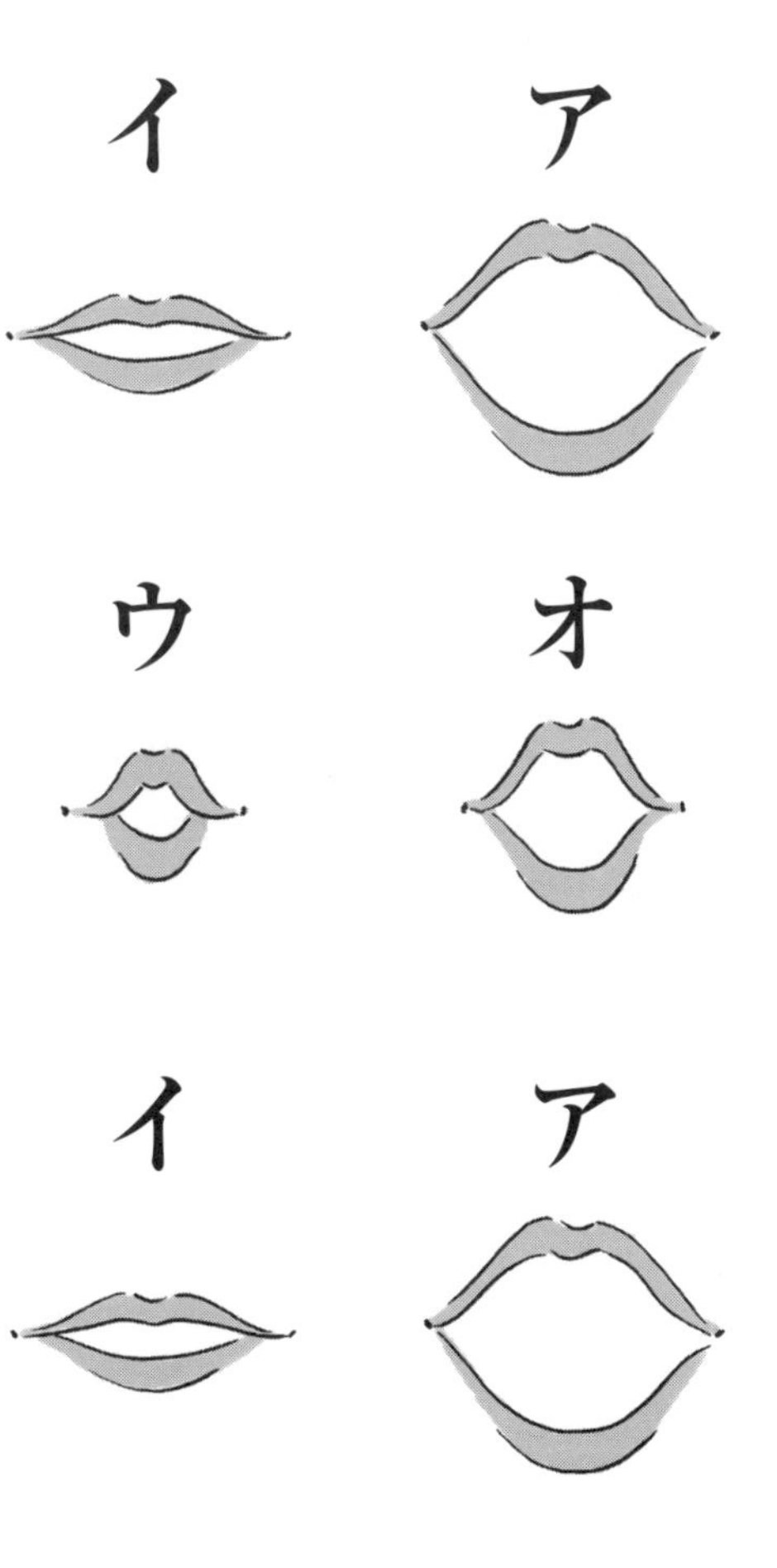

ア

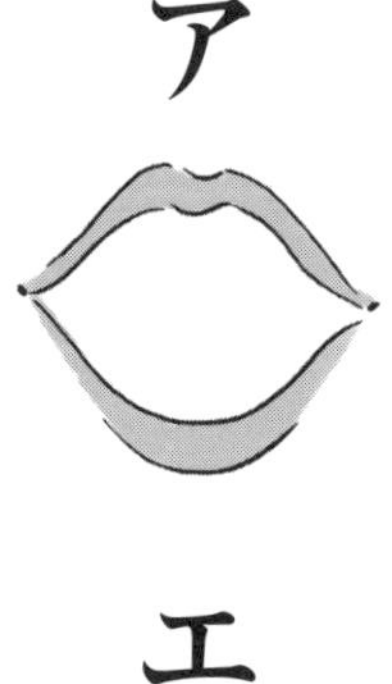

エ

ウ

オ

発音するときは、母音の響きを大切にしましょう。そして、唇、口の中、舌などの動きをスムーズにして、滑舌力UPを目指しましょう。

＊一週目からの各行扉には、それぞれの音に含まれる母音の口の形のイメージを記してあります。

5 一つの○に一つの音とイメージしましょう

聞き取りにくい話し方で多いのが、一部分をとても速く発音してしまうタイプです。聞き取りにくいだけでなく、とんだ聞き間違えも引き起こしてしまいます。

例えば、市役所は「シヤクショ」と発音するのですが、このタイプは途中を急いでしまうために「シャクショ」と聞こえてしまいます。「行ってきた」だと「イテキタ」と聞こえてしまうのです。自分で気づかぬうちにこのように言っていることもあります。
一つの○に一つの音を入れるつもりで、一音一音を丁寧に発音しましょう。

イ ッ テ キ タ　× イテ キタ

一つの○に一つの音を意識して言ってみましょう。

キ ヤ ク（規約）

キャ ク（客）

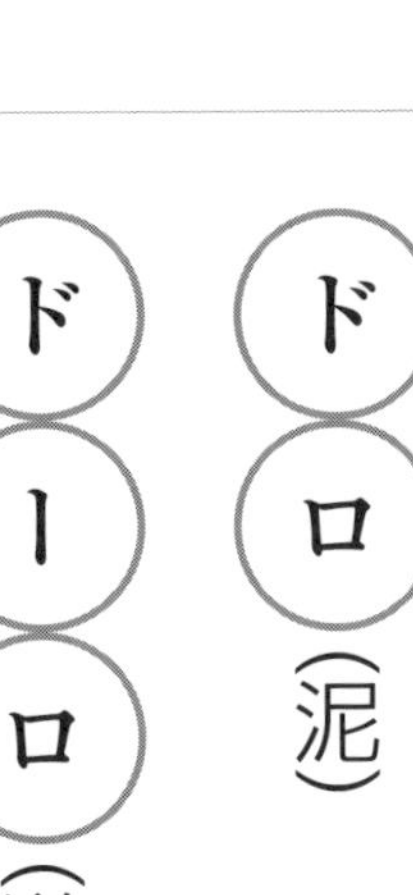

ド ロ ー ン

0週目 基本編

オト（音）

オット（夫）

オットット

＊本書では、発音をカタカナで表記し、長音は、「ー」で表しています。

6 基本の練習～口のストレッチ～練習初めに毎日繰り返しましょう

誰でも、急に大きくはっきり口を動かして声を出そうとしてもできるものではありません。運動前のストレッチのように、毎日の練習前に口のストレッチで口をほぐしましょう。

この文字の並びは、上から順に言っていくと、「イ」で横に薄く開いていた口が、だんだん開いてきて「エ」になり、3番目の「ア」で顎を大きく下げて全開になります。今度は縦に少しすぼめて「オ」、さらにすぼめて「ウ」となります。

ゆっくり、口の形を確認しながらお腹から声を出しましょう。

イエアオウ
キケカコク
シセサソス
チテタトツ
ニネナノヌ
ヒヘハホフ
ミメマモム
イエヤヨユ
リレラロル
イエワオウ

テキストの文字を見続けていると、ついつい背中が丸まりがちです。少しずつ覚えて、顔を上げてテキストから目を離し、遠くへ声を届かせるつもりで言いましょう。テキストを手に持って姿勢をよくしてもいいですね。

上達＋α　5つのおすすめ練習法

1　自分の声を聴く

話しながら自分の声に耳を傾けたことはありますか？　しっかり発音できているかな？声は出ているかな？と自分の話し方がわかると、どこを改善したらいいのかがわかります。よい点は自分をほめて、次回もできるようにしましょう。できていないと思った点は、上手にできたイメージを持ちながら繰り返し練習を。自分の変化に目を向けて練習を楽しむことは、上達への近道、そして、脳トレにもなります。

2　明るく前向きに

心は声や滑舌に現れます。今日も楽しくチャレンジ！と明るい前向きな気持ちでのぞみましょう

3　いつでもどこでも

練習文を日常生活の中で思い出したら口に出してみましょう。たくさん口に出すとその分上達し身に付きます。

4　たくさんしっかり

練習ではたくさん口を動かしてしっかり声を出しましょう。そうすることで日常でも自然とスムーズに口が動き声を出せるようになります。

5　鏡でチェック

口の形や表情、姿勢などを鏡でチェックしましょう。食器棚のガラス扉、ショーウィンドーなど、どこでもチェックできますね。

あ行

第**1**週は、あ行です。姿勢と呼吸を整えたら、しっかり口を開けて、ゆっくりはっきり「ア・イ・ウ・エ・オ」を言いましょう。

ア　力まずに大きく口を開けて

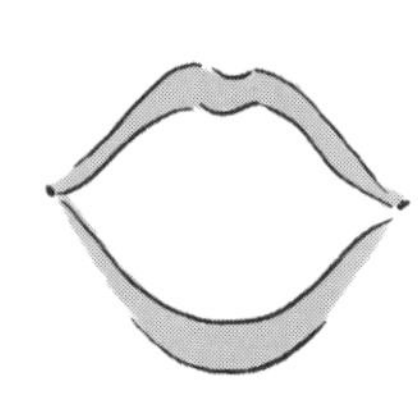

イ　口角が下がらないように

ウ　唇を小さく丸め過ぎないように

エ　アの口から横に少し閉じて

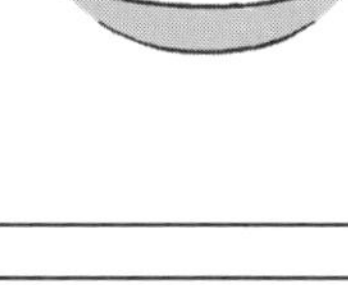

オ　アよりも少し縦にすぼめて

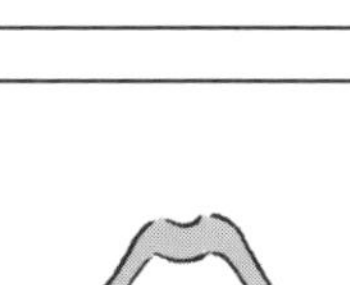

ここに注意！

アの口を大きく開けようとするとき、横にガバッと開いてしまいがちですが、縦に開く感覚で開けます。口をしっかり開けると、明るい声が出ます。

ONEPOINT

母音のアイウエオは全ての音（ンを除く）に含まれているため、ハッキリ発音できるようになると言葉が明瞭になります。しっかり練習しましょう。

明るい気持ちで、力まず楽しく練習開始！

アイウエオ体操

わかりやすい発音のためには、一つひとつの音がはっきり聞こえなくてはなりません。次のドリルで口をしっかり動かして声を出し練習しましょう。

STEP 1 文字をよく見て。

アイウエオ
イウエオア
ウエオアイ
エオアイウ
オアイウエ

STEP 2 一音一音はっきりと。

オアイウエ
エオアイウ
ウエオアイ
イウエオア
アイウエオ

STEP 3 あせらず、ゆっくり。

ウエオアイ
イウエオア
アイウエオ
オアイウエ
エオアイウ

POINT

「アイウエオ」は言えるのに、他は言いにくい、と感じる方もいるかもしれませんね。でも、よくみると、出だしが違うだけで、どれももとは「アイウエオ」なのです。惑わされることなく言えるようにしましょう。

ちょっぴりパズルのようで全部すらすら言えると達成感が！　頭の体操にも。楽しんでとりくんでくださいね。

1週目　あ行

口の筋トレ

2日目

発音するときには口の周りや口の中、舌、などのたくさんの筋肉を使います。これらの筋肉を鍛えると、滑舌力がアップします。

アエ　アエ　アエ　アエ…（繰り返す）

エオ　エオ　エオ　エオ…（繰り返す）

イウ　イウ　イウ　イウ…（繰り返す）

アイ　アイ　アイ　アイ…（繰り返す）

アオ　アオ　アオ　アオ…（繰り返す）

STEP 1 上のフレーズをゆっくりしっかり口を動かし声に出しましょう。

STEP 2 一息で言えるところまで続けて何度も繰り返しましょう。

STEP 3 スムーズに言えるようになったら、少しずつ速くしていきましょう。

POINT

速くなると発音が曖昧になりがちです。うまく言えていないなと思ったら、少し遅くしましょう。テンポよく言えることが目標です。

口や口の周りの筋肉が衰えると、口が開かずよい発音がしにくくなります。しっかり筋トレをして滑舌をよくしましょう。

あ行

バラエティ練習

母音ハッキリ

3日目

今日は単語で練習します。単語になってもしっかり口を動かしてお腹から声を出しましょう。

STEP 1

注意点に気をつけてゆっくり言いましょう。

STEP 2

10個の単語を続けてはっきり言いましょう。

しっかり口を開けると明るく聞こえるのに気づきましたか？

ハッキリ言えた単語をチェックしましょう！

- □ 青梅（アオウメ）……………… アオーメとならないように
- □ 相生（アイオイ）……………… アとオは顎を下げ口を開けて
- □ 気合い……… キヤイではなくキアイ
- □ 硫黄（イオー）……………… イヨーではなくイオー
- □ 色々……………… エロエロにならないように
- □ 大意（タイイ）……………… タイーではなくタイイ
- □ 魚座……………… ウォーではなくウオとはっきり
- □ 絵合わせ…… エアーセとならないように
- □ 前祝い……… マイイワイではなくマエイワイ
- □ 大雨……………… オよりももっとアの口を開けて

1週目 あ行

文で練習

4日目

これまで、口や舌の動きを改善し、一つひとつの音をはっきり発音する練習をしてきました。4日目はこれを文で練習してみましょう。

赤い相合傘(アイアイガサ)　青い相合傘(アイアイガサ)

POINT アイアイガサのアの口をしっかり開ける

慰安旅行(イアンリョコウ)で癒される

POINT イヤン旅行でヤーされるにならないように

魚市場に大きな雄牛(オウシ)がうろうろ

POINT ウォーチバにオーシではなくウオイチバ、オウシ

大洗(オーアライ)でお笑い芸人に大笑(オーワラ)い

POINT 大洗が大笑いにならないように。大洗は地名

STEP 1 ハッキリ言えるようになったら、少しずつ速くしましょう。

STEP 2 一つの文を3回繰り返しましょう。

あせらず落ち着いて。楽しい気持ちで練習しましょう。

1週目　あ行

長い文で練習

5日目

少し長い文にチャレンジします。早口言葉のようで面白いですね。ゆっくり、正確に、はっきりと。声を出すことが楽しくなりますよ。

気合いみなぎる居合い抜きの試合に居合わせた

曖昧な発音ではお分かりいただけないと憂うつな面持

青木葵氏が家山伊予氏の顔を扇いだ家元の絵扇

おやじのおじやのお味はいかが？

エイひれと合うういいお味

POINT 気合いはキャイ、キャイ、試合はシャイ、シャイになりがち。アを丁寧に発音

POINT アイマイのアとマは大きく口を開けて。ユーツではなくユーウツ

POINT 全体にしっかり口を動かしてはっきり発音

POINT 似ている言葉に惑わされないように。エーヒレではなくエイヒレ

1週目 あ行

STEP 1 ハッキリ言えるようになったら、少しずつ速くしましょう。

STEP 2 一つの文を3回繰り返しましょう。

速くなってもしっかり口を動かして。カまず楽しく言いましょう。

チャレンジ練習

おしゃべり絶好調の魚屋さん

まとまった文章に挑戦です。しゃべりの調子がいい魚屋さんになって、店頭でお客さんを呼び込みましょう。

あおやぎ、あわびにあなごで和（ナゴ）ん
で、伊豆の伊勢海老威勢いい、石
狩いくらはいくらかな？
あまちゃん取ったウニがいっぱい
余（アマ）っちょる、エビはキチンとタウ
リンよい栄養、うまいもんだよオ
コゼのから揚げうしお汁、さあ、
魚（サカナ）なら魚（ウオ）魚（ウオ）へいらっしゃい！

上達+α 大あくび大笑いはよい声の源

余分な力を抜いて腹式呼吸でのびのび声を出したいと思ってもなかなかその感覚がつかめないときにいいのが、大笑いと大あくびです。どちらもリラックスして喉の力も抜けてお腹から声を出せているのです。

大笑いも大あくびもする機会がないという人は、こんな感じかなとやってみるだけでもその感覚はつかめてきます。ぜひ試してくださいね。

大笑いのコツ

文字で表せば「あはははは」の笑いです。

顔中が口になるくらい大きく口を開けて、豪快に大笑いをします。口先だけではなく、力まずに、楽しくて全身で笑う感じです。何度も続けて笑います。

あくびのコツ

ゆったりした気分で大きく口を開けて、声を出して思い切りあくびをします。力を抜いて手を大きく広げるなどの動作をつけてもいいですね。何度も続けてみましょう。

体が温まり気持ちまで明るくなってきませんか？　心身ともに大きな効果がありますね。

か行

第**2**週は、か行です。姿勢と呼吸を整えたら、しっかり口を開けて、ゆっくりはっきり「カ・キ・ク・ケ・コ」を言いましょう。

ここに注意！

か行を一生懸命言おうとすると、喉や舌の奥に力が入りがちです。年齢を重ねるとさらに言いにくくなります。だからこそ日頃からトレーニングをしておきましょう。

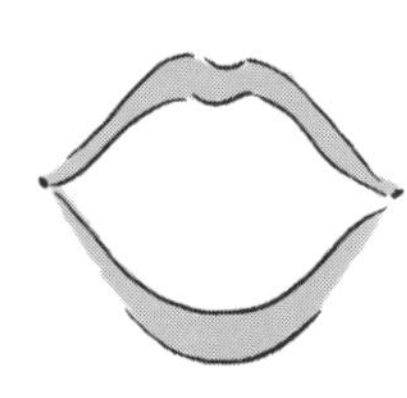

カ クやケと聞こえないように

キ 喉や唇に力を入れすぎないように

ク 力まないように

ケ 曖昧にならないように

コ オの口の形でコと発音

ONEPOINT

滑らかに言うためには、緊張感を解くことも大切です。リラックスタイム（34ページ）やベロレロ体操（52ページ）をしながら練習しましょう。

力まずに声を出すことを心掛け、練習開始！

2週目 か行

カキクケコ体操

1日目

わかりやすい発音のためには、一つひとつの音がはっきり聞こえなくてはなりません。次のドリルで口をしっかり動かして声を出し確認しましょう。

STEP 1

文字をよく見て。

カキクケコ
キクケコカ
クケコカキ
ケコカキク
コカキクケ

STEP 2

一音一音はっきりと。

コカキクケ
ケコカキク
クケコカキ
キクケコカ
カキクケコ

STEP 3

あせらず、ゆっくり。

クケコカキ
コカキクケ
キクケコカ
ケコカキク
カキクケコ

POINT

「カキクケコ」は言えるのに、他は言いにくい、と感じる方もいるかもしれませんね。でも、よくみると、出だしが違うだけで、どれももとは「カキクケコ」なのです。惑わされることなく、言えるようにしましょう。

喉や口に力が入ってきてしまったら一旦休憩（34ページ リラックスタイム）。ゆったり気分でドリルを再開しましょう。

2週目
か行

口の筋トレ

2日目

発音するときには口の周りや口の中、喉の奥などのたくさんの筋肉を使います。これらの筋肉を鍛えると、滑舌力がアップします。

カケ　カケ　カケ　カケ…（繰り返す）

カコ　カコ　カコ　カコ…（繰り返す）

カキ　カキ　カキ　カキ…（繰り返す）

カク　カク　カク　カク…（繰り返す）

ケキョケキョ　ケコケコ…（繰り返す）

STEP 1　上のフレーズをゆっくりしっかり口を動かし声に出しましょう。

STEP 2　一息で言えるところまで続けて何度も繰り返しましょう。

STEP 3　スムーズに言えるようになったら、少しずつ速くしていきましょう。

POINT

速くなると発音が曖昧になりがちです。うまく言えていないなと思ったら、少し遅くしましょう。テンポよく言えることが目標です。

口や口の周りの筋肉が衰えると、口が開かずよい発音がしにくくなります。しっかり筋トレをして滑舌をよくしましょう。

バラエティ練習

言えないフレーズ攻略 虎の巻

3日目

か行は言いにくい言葉がたくさんあります。秋にちなんだフレーズで、攻略法をご紹介します。

STEP 1

次のフレーズを3回続けて言ってみましょう。

秋(アキ)柿(カキ)菊(キク)栗(クリ)

秋(アキ)柿(カキ)菊(キク)栗(クリ)

秋(アキ)柿(カキ)菊(キク)栗(クリ)

すらすらと、3回続けて言えましたか？

STEP 2

フレーズを「秋」「柿」「菊」「栗」の単語に分け、それぞれの単語を繰り返し練習します。慣れてきたら少しずつスピードアップして。

あきあきあき…

かきかきかき…

きくきくきく…

くりくりくり…

STEP 3

単語ごとに少し切りながらもう一度Ｓｔｅｐ１に戻り、「秋 柿 菊 栗」と繰り返し言ってみましょう。さっきより言いやすくなっているはず。

秋に柿がなり、菊が咲き、栗を食べると、言葉のイメージを思い浮かべながら言うことが大事です。

最初は読みづらかったフレーズが言いやすくなったことに気づきましたか？

2週目 か行

文で練習

4日目

これまで、口や舌の動きを改善し、一つひとつの音をはっきり発音する練習をしてきました。4日目はこれを文で練習してみましょう。

かかとの角質が硬くカサカサ

POINT カの口を全て大きく開けて

キキキときしむ旧式機械

POINT キが連続しますが口に力を入れすぎないように

黒いクレヨンで書く黒雲（クロクモ）

POINT 黒雲がクラ雲に聞こえないようにクロをしっかり

駆け引きの結果、怪訝（ケゲン）な顔で帰京

POINT ケゲン、キキョーは落ち着いて発音

STEP 1

ハッキリ言えるようになったら、少しずつ速くしましょう。

STEP 2

一つの文を3回繰り返しましょう。

まずは単語に分けて、繰り返し練習をしてもいいですね。

2週目 か行

長い文で練習

5日目

少し長い文にチャレンジします。早口言葉のようで面白いですね。ゆっくり、正確に、はっきりと。声を出すことが楽しくなりますよ。

壁の掛け軸　描きかけ掛け軸
画家が結局許可して掛けられた

POINT
カの口を全て大きく開けると言いやすくなる

加賀（カガ）の坂上（サカガミ）さん、抜け毛が気になり
かがんで鏡をのぞきこむ

POINT
カガは口を開けないとカゲやカギに聞こえてしまう

ゆるキャラカードとキャラメル
を買うキャピキャピ女子高生

POINT
キャとカを間違えないように慎重に発音

街頭で顧客に究極の歌曲集と
上級九九（クク）カードを紹介する

POINT
キャ、キュ、キョを慎重に。上級のキューと九九のクを慌てないで発音

STEP 1
ハッキリ言えるようになったら、少しずつ速くしましょう。

STEP 2
一つの文を3回繰り返しましょう。

状況を思い浮かべて楽しめましたか？

2週目
か行

6・7日目

今回はニュースキャスターです。問題となっている化学機械メーカー幹部の話を聞くことができました。その内容を早速ニュースで伝えましょう。

この化学機械メーカー製品開発企画局局長によりますと、競争は激化の一途(イット)をたどっているが、各課で極力協力体制を築き、苦境を打開したいとのことです。この問題は聞き込み取材が欠かせず、後日特別番組で詳しくお伝えします。

ニュースは正確に読むことが大切。つかえてしまったら、慌てず力まず読み直しましょう。

2週目 か行

上達+α リラックスタイム

練習をしていて、初めてのものや苦手なものが出てくると、がんばって取り組もうとして、自分で気づかぬうちに口の周り、舌、喉、手足などに力が入ってしまいます。すると、声が出しづらくなったり、口が回らなくなったりと、困ったことが起きてきます。

そこで、各部分の余分な力を抜く助けになる簡単な動作をご紹介します。練習の合間に取り入れてくださいね。

① 手足ぶらぶら

手と足を力を抜いてブラブラと振ります。指先まで自分の手足の感覚を確かめるように振りましょう。

② 肩上げてストーン

拳を握って力を入れ、息を吸いながら両肩を思い切り上げます。そのまま３つ数えたら、口から大きく息を吐きながら一気に脱力して拳をほどき肩を下げます。これを３回。

③ 梅干しパー

梅干しを食べて酸っぱいときのように顔を中心に向かってギュッと寄せます。２つ数えて、パーッと顔を大きく外側へ広げます。大きなまん丸顔をイメージして、目も口も大きく開きます。そのまま２つ数えたら、一気に脱力。顔中の力を抜きます。これを２回。

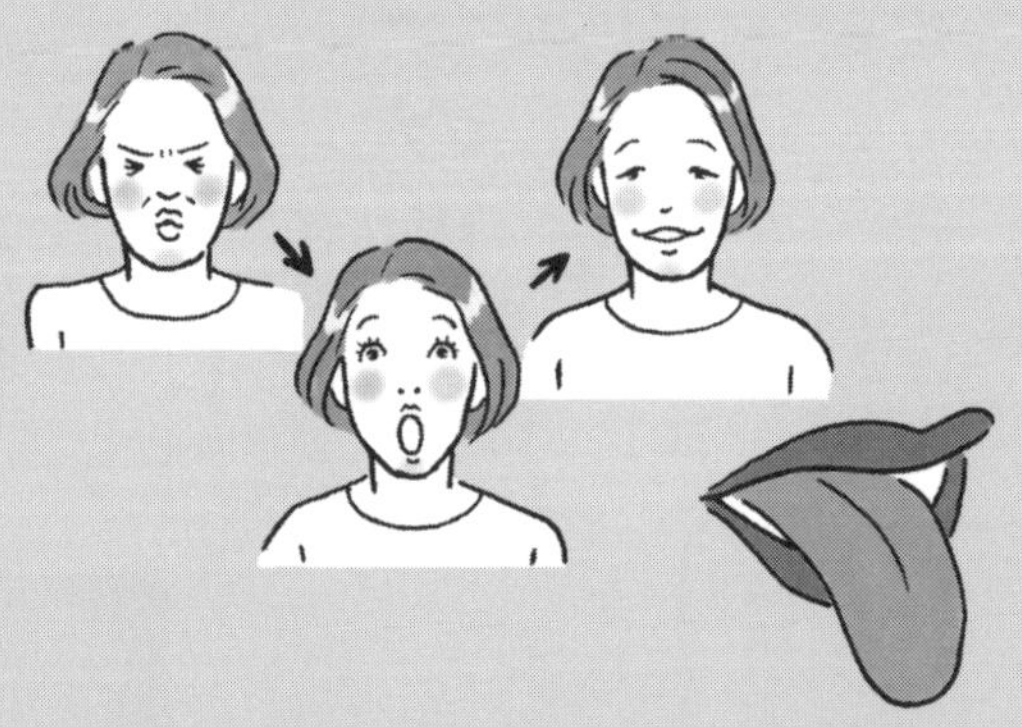

④ ベロで布団干し

舌をベーと大きく出します。尖った三角形に近い形や、丸まっていると力が入っています。布団を干すように、ベーっと出した舌が平らで柔らかい感じになるようにしましょう。その力の抜けた状態の舌を口の中にしまいます。

2週目 か行

さ行

第3週は、さ行です。姿勢と呼吸を整えたら、しっかり口を開けて、ゆっくりはっきり「サ・シ・ス・セ・ソ」を言いましょう。

ここに注意！

さ行が苦手という声はとても多く聞かれます。苦手意識から緊張してなおさら言えなくなることも。みんなもできないので安心してチャレンジしてくださいね。

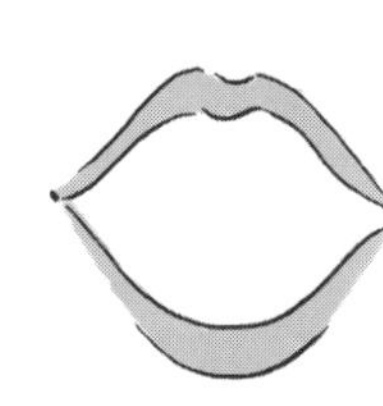
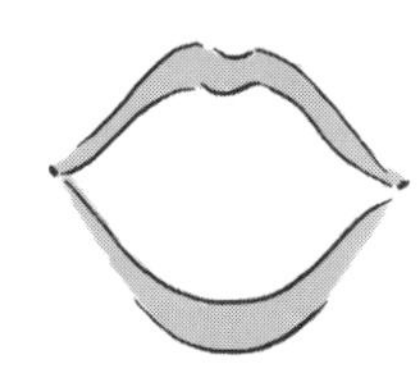

サ 素早く口を動かして

シ スィにならないように

ス 力まないように

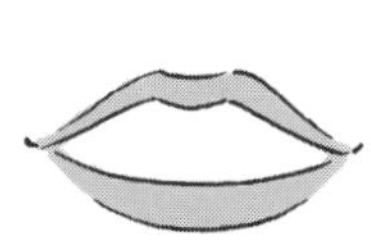

セ スェにならにように

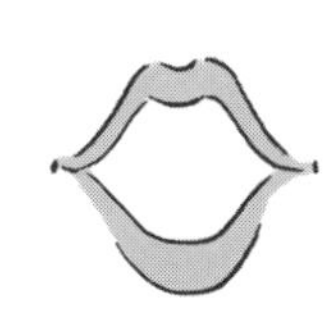

ソ 舌を歯で噛まないように

ONEPOINT

苦手なものはつい、だいたい言ったつもりで済ませてしまいませんか？　文字をよく見て、一音ずつ口をしっかり動かして声を出しましょう。

補修授業も用意しましたので楽しんでくださいね。

サシスセソ体操

1日目

わかりやすい発音のためには、一つひとつの音がはっきり聞こえなくてはなりません。次のドリルで口をしっかり動かして声を出し練習しましょう。

STEP 1 文字をよく見て。

サシスセソ
シスセソサ
スセソサシ
セソサシス
ソサシスセ

STEP 2 一音一音はっきりと。

ソサシスセ
セソサシス
スセソサシ
シスセソサ
サシスセソ

STEP 3 あせらず、ゆっくり。

シスセソサ
ソサシスセ
サシスセソ
セソサシス
スセソサシ

POINT

「サシスセソ」は言えるのに、他は言いにくい、と感じる方もいるかもしれませんね。でも、よくみると、出だしが違うだけで、どれももとは「サシスセソ」なのです。惑わされることなく、言えるようにしましょう。

急ぐ必要はありません。ゆっくりでいいですよ。一音ずつ丁寧に声を出しましょう。

3週目 さ行

口の筋トレ

2日目

発音するときには口の周りや口の中、舌、などのたくさんの筋肉を使います。これらの筋肉を鍛えると、滑舌力がアップします。

サセ　サセ　サセ　サセ　…（繰り返す）

サシ　サシ　サシ　サシ　…（繰り返す）

シス　シス　シス　シス　…（繰り返す）

シセシセ　シシエシシエ　…（繰り返す）

シャシヨシャシヨ　シャソシャソ　…（繰り返す）

STEP 1　上のフレーズをゆっくりしっかり口を動かし声に出しましょう。

STEP 2　一息で言えるところまで続けて何度も繰り返しましょう。

STEP 3　スムーズに言えるようになったら、少しずつ速くしていきましょう。

POINT

速くなると発音が曖昧になりがちです。うまく言えていないなと思ったら、少し遅くしましょう。テンポよく言えることが目標です

口や口の周りの筋肉が衰えると、口が開かずよい発音がしにくくなります。しっかり筋トレをして滑舌をよくしましょう。

バラエティ練習

言ったつもりが言えてない!?

3日目

さ行は言いにくいので、言っているつもりでも違う言葉になってしまっていることがあります。それぞれはっきり違いがわかるように言ってみましょう。

口をしっかりあけて、テンポよく言ってみましょう。

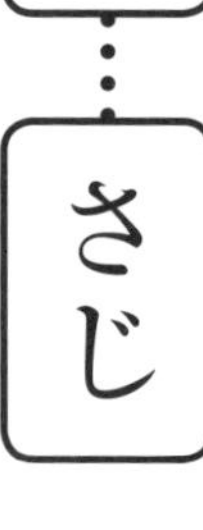
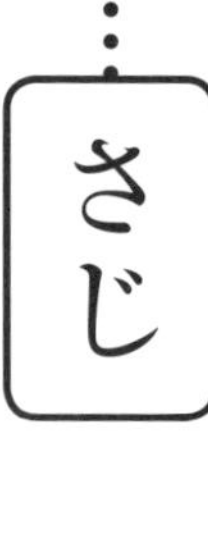

謝辞（シャジ）…さじ

症状…表情

表層…表彰

品質…頻出（ヒンシュツ）

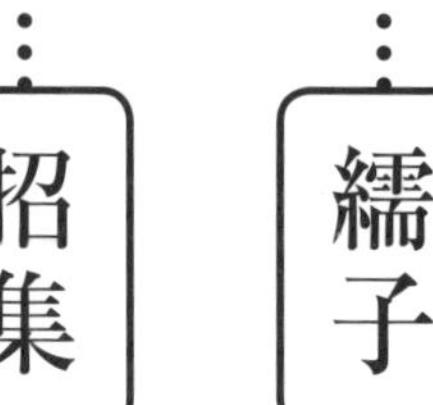

煤（スス）…繻子（シュス）

早秋…招集

総称…尚早（ショーソー）

頭上…樹上

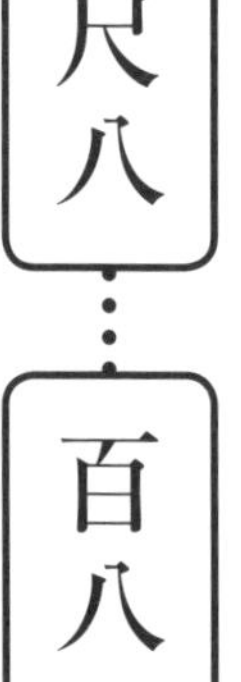

訴状（ソジョー）…書状

尺八…百八

私費…菱

磁界…樹海

全て続けて、テンポよく大きな声ではっきり言えますか?

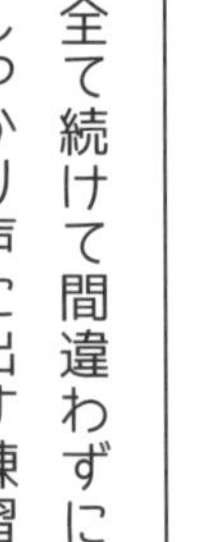

全て続けて間違わずにしっかり声に出す練習は、集中力のトレーニングにもなりますね。

3週目 さ行

文で練習

4日目

これまで、口や舌の動きを改善し、一つひとつの音をはっきり発音する練習をしてきました。4日目はこれを文で練習してみましょう。

メソポタミア文明出土品（シュツドヒン）の図説

POINT ズセツがズスツとこもらないように

最新式映写機での試写会初日

POINT シシャ、ショニチと丁寧に

翌日午前11時丁度に収集

POINT 力まないようにしましょう

差し歯の佐々木さんの足をさすってさしあげます

POINT サがたくさん出てきますが、しっかり口を開けることを忘れないように

STEP 1 ハッキリ言えるようになったら、少しずつ速くしましょう。

STEP 2 一つの文を3回繰り返しましょう。

先を急がず一つひとつ言葉を丁寧に言うと言いやすくなりますよ。

3週目 さ行

長い文で練習

5日目

少し長い文にチャレンジします。早口言葉のようで面白いですね。ゆっくり、正確に、はっきりと。声を出すことが楽しくなりますよ。

詳細を調べた社内調査書を提出

早速(サッソク)誘われサクスフォン奏者の演奏を鑑賞

最終試験は抒情詩(ジョジョーシ)、叙事詩(ジョジシ)に関する論述(ロンジュツ)だ

テレビ視聴者(シチョーシャ)とラジオ聴取者(チョーシュシャ)の視聴率と聴取率の最新版を入手

POINT 調査書のチョとショを丁寧に

POINT カンショーがカンソーになりやすいので注意が必要

POINT ジョジョーとジョジにひきずられてロンジュツでひっかかりやすい

POINT 長い文は一気に言おうとせずに短く区切って練習を

STEP 1 ハッキリ言えるようになったら、少しずつ速くしましょう。

STEP 2 一つの文を3回繰り返しましょう。

さ行は苦手な人が多いのですが、力まず楽しい気持ちで練習しましょう。

チャレンジ練習

合唱祭司会者

あなたは町の合唱祭の司会者です。大勢のお客様を前に笑顔で堂々と司会をしてみましょう。

いよいよ審査結果の発表です。今回は、初出場組、常連組合わせて11組の参加でした。初めに、最優秀指揮者賞、優秀指揮者賞、最優秀伴奏者賞、優秀伴奏者賞の発表です。受賞された方は、表彰式を行いますのでステージへお進みください。

3週目
さ行

人前に立つ司会者が言えなかったらどうしようと慌てずに、一つひとつの言葉を確認しながらゆっくりでも間違えずに言うのがポイントです。

補習授業 さ行は怖くない！

苦手克服のためのさらなる練習フレーズです。自分なりの「こうすればできる！」が少しでも見つかればしめたもの。チャレンジしましょう。

食欲をそそられるおいしそうな素うどん

POINT スードンではなくスウドン

歳出入の計算書を示す静岡県裾野(スソノ)市の司法書士

POINT 静岡がシゾーカにならないように

本格エスプレッソ抽出で突出した技術

POINT チューシュツデトッシュツを慌てずに

初出場だが歌唱力絶大なジャズ歌手シャンソン歌手

POINT ジャズとシャンソンをはっきりと

4(シ)×7(シチ)＝28(ニジューハチ)と7(シチ)×4(シ)＝28(ニジューハチ)の積(セキ)が等しいとは教科書3ページ参照

POINT 九九の中でも言いにくいこれらは丁寧に発音して

3週目 さ行 補習授業

関越（カンエツ）自動車道高坂（タカサカ）サービスエリア付近で故障車の車種照会（シャシュショーカイ）作業に始終（シジュー）従事

POINT
シャシュショが並ぶので
しっかり口を動かして

広島市の東隣　東広島（ヒガシヒロシマ）市の干菓子（ヒガシ）職人とすし職人の趣味は古美術収集

POINT
ヒとシを
混同しないように

しし座の鈴木氏御子息（ゴシソク）、山茶花（サザンカ）咲くせせらぎ沿いをそぞろ歩き

POINT
シシ、スズ、サザ、セセ、ソゾと似た音が続く
がはっきりと

一歩ずつ練習を進めていくと、自信が生まれ、苦手がチャンスに変わっていきます。

上達＋α 攻略！身近なさ行言葉

口をしっかり動かすことを忘れずに、ゆっくりから始めましょう。

場面を想像して明るい表情で言うことを心掛けましょう。

表彰式の司会をさせていただきます指原（サシハラ）と申します。

WORD させていただく

そちらの資料を差し替えさせていただきます。

WORD 差し替える

さしあたって必要なものを揃えましょう。

WORD さしあたって

掃除をさせられると考えず、率先して掃除をする姿勢を示そう。

WORD させられる

私が指し示しましたのは、佐瀬（サセ）さまのお席です。

WORD 指し示す

3週目 さ行

た行

第**4**週は、た行です。姿勢と呼吸を整えたら、しっかり口を開けて、ゆっくりはっきり「タ・チ・ツ・テ・ト」を言いましょう。

ここに注意！

た行は、苦手な人が多くいます。口や舌の動きが鈍っていると、たどたどしくなったり、甘ったれた感じになりがちです。

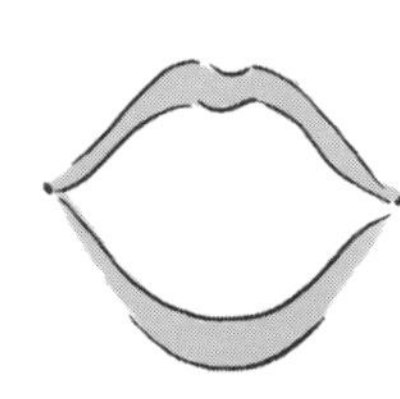
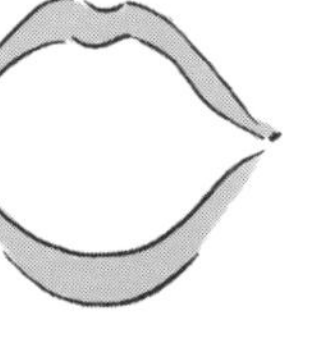

タ 素早く口を開けて

チ 力まないように

ツ トゥにならないように

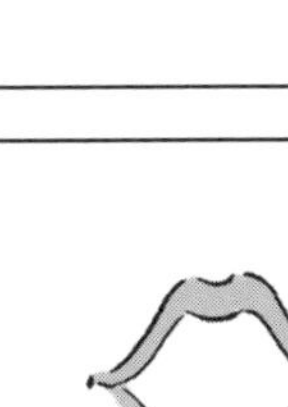

テ エの口の形を意識して

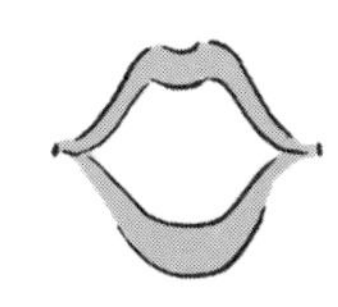

ト タに聞こえないように

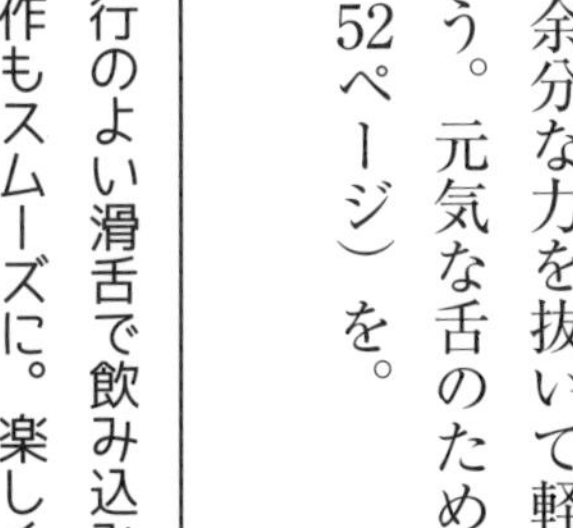

ONEPOINT

舌の余分な力を抜いて軽やかに動かしましょう。元気な舌のために、ベロレロ体操（52ページ）を。

た行のよい滑舌で飲み込み動作もスムーズに。楽しく練習開始！

タチツテト体操

1日目

わかりやすい発音のためには、一つひとつの音がはっきり聞こえなくてはなりません。次のドリルで口をしっかり動かして声を出し練習しましょう。

STEP 1 文字をよく見て。

タチツテト
チツテトタ
ツテトタチ
テトタチツ
トタチツテ

STEP 2 一音一音はっきりと。

トタチツテ
テトタチツ
ツテトタチ
チツテトタ
タチツテト

STEP 3 あせらず、ゆっくり。

テトタチツ
チツテトタ
トタチツテ
タチツテト
ツテトタチ

POINT

「タチツテト」は言えるのに、他は言いにくい、と感じる方もいるかもしれませんね。でも、よくみると、出だしが違うだけで、どれももとは「タチツテト」なのです。惑わされることなく言えるようにしましょう。

がんばるうちに口にどんどん力が入ってきてしまったら、リラックスタイム（34ページ）を。そして野原をスキップするような爽やか気分で言ってみましょう。

4週目 た行

口の筋トレ

これまで、口や舌の動きを改善し、一つひとつの音をはっきり発音する練習をしてきました。４日目はこれを文で練習してみましょう。

テト　テト　テト　テト…（繰り返す）

チチ　チチ　チチ　チチ…（繰り返す）

テデ　テデ　テデ　テデ…（繰り返す）

タト　タト　タト　タト…（繰り返す）

チツ　チツ　チツ　チツ…（繰り返す）

STEP 1
上のフレーズをゆっくりしっかり口を動かし声に出しましょう。

STEP 2
一息で言えるところまで続けて何度も繰り返しましょう。

STEP 3
スムーズに言えるようになったら、少しずつ速くしていきましょう。

POINT

速くなると発音が曖昧になりがちです。うまく言えていないなと思ったら、少し遅くしましょう。テンポよく言えることが目標です。

口や口の周りの筋肉が衰えると、口が開かずよい発音がしにくくなります。しっかり筋トレをして滑舌をよくしましょう。

バラエティ練習

軽やかに大太鼓小太鼓

3日目

言いにくくて重くなりがちなた行で大太鼓小太鼓をたたいて、軽く言う練習をしましょう。口と舌を大きく動かして明るい声で言いましょう。

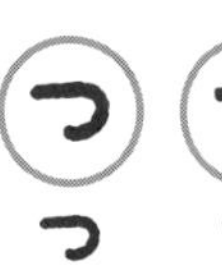
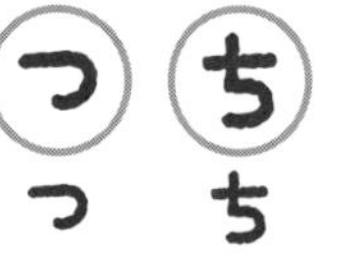

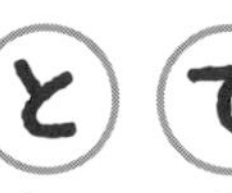

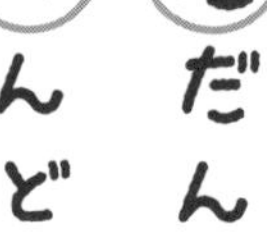
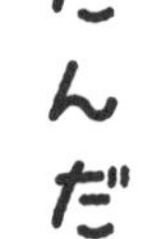
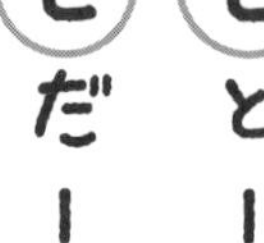

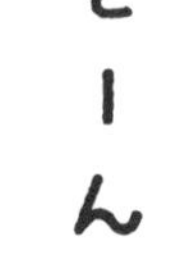
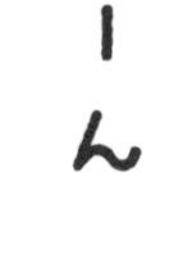

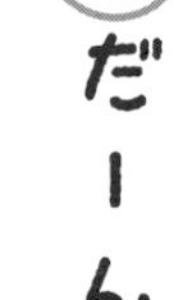
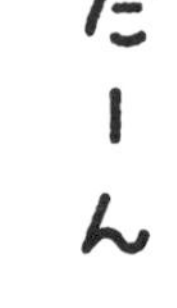

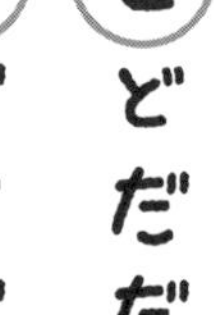
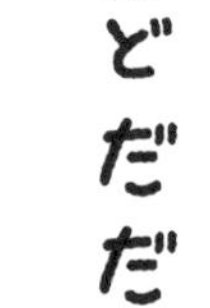
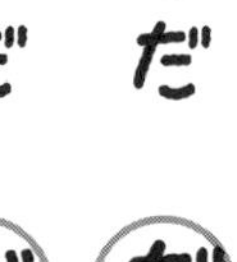

明るく大きな声で言ってみましょう。

どどーん
どだーん
だだんだ
でんどだ
とととと
てててて
ちちつた
つつつて

だだーん
どだーん
だだんだ
でんどだ
とたとた
とてとて
ちちつた
つつつて

どどだだ
どだどだ
だでだで
ででどだ
とてちて
とてちて
ちとちと
つてつて

だどーん
どだどだ
だでだで
だどでだ
たとたと
てとてと
ちちちた
てとたた

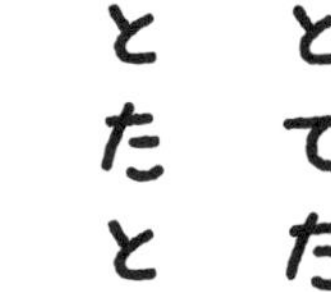
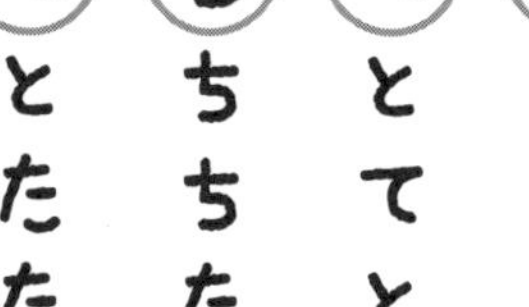

POINT

通して言えるようになったら、1拍目で手をたたき、リズミカルに言ってみましょう。

太鼓のイメージで弾んで楽しく言えましたか？

3回通して軽やかに言えた

2回通して軽やかに言えた

1回通して軽やかに言えた

文で練習

4日目

これまで、口や舌の動きを改善し、一つひとつの音をはっきり発音する練習をしてきました。4日目はこれを文で練習してみましょう。

折り畳み傘持参で安達太良山(アダタラヤマ)登山

POINT
オリタタミやアダタラを一音ずつはっきり

堂々とした口調にたどたどしさはなかった

POINT
タドタドの口をしっかり動かすこと

秩序(チツジョ)正しく生活し培(ツチカ)われた生活態度

POINT
ツやチが曖昧にならないように意識して発音

手っ取り早く茶壺(チャツボ)と茶さじを調達してと頼む轟(トドロキ)さんたち

POINT
曖昧な発音で手っ取り早く済まさないように

STEP 1
ハッキリ言えるようになったら、少しずつ速くしましょう。

STEP 2
一つの文を3回繰り返しましょう。

つかえてしまう部分だけ取り出して繰り返し言ってみるのも一つの練習法です。

長い文で練習

5日目

少し長い文にチャレンジします。早口言葉のようで面白いですね。ゆっくり、正確に、はっきりと。声を出すことが楽しくなりますよ。

立て続けに乳しぼり体験に
挑戦した生徒たち

おととととは何のことと尋(タズ)ねた

茶目(チャメ)っ気たっぷりな茶髪(チャパツ)男子(ダンシ)の
卓球上達ぶりが著しい

だだだだだっとなだれ込まれて
タジタジだったとは立場上(タチバジョー)
とんだことだと主張

POINT 出だしから言いにくいので一語ずつ落ち着いて

POINT トの連続に注意。おととは幼児語で魚のこと

POINT 最後のイチジルシイを慎重に

POINT タやダがたくさん出てくるが顎を下げて口を動かし発音

STEP 1 ハッキリ言えるようになったら、少しずつ速くしましょう。

STEP 2 一つの文を3回繰り返しましょう。

た行が続くと言いにくいですね。力まず楽しい気持ちで練習しましょう。

チャレンジ練習

テレビショッピングで商品紹介

6・7日目

テレビショッピング出演者です。扱うのは、肩こりに効く新発売の人気商品。視聴者が欲しくなるようにテンポ感をもって紹介しましょう。

肩こりは切実（セツジツ）な問題ですね。
そこで、こちらの温かくなるホッ
ト肩たたき機のご紹介です。
温度と力加減の調節機能付きで心
地よさ抜群です。店頭でまたたく
間に売り切れる人気ぶり。今日は
特別に、もう一つ付けて2つで
1万円！ ご注文は今すぐお電話
で811−81881へ。

特長や数字の聞き間違いがないようにハッキリ言えましたか？

上達+α ベロレロ体操

舌の動きは、何もしなければ年齢とともに衰えていきますし、時間帯や体調によっても変わります。体の他の部分と同じですね。動きやすい元気な舌のために、毎日舌ベロレロ体操をしましょう。

① 出し入れ体操

舌を口から出したり入れたりを繰り返します。

② 上下体操

口から舌を出した状態で、上下に繰り返し動かします。

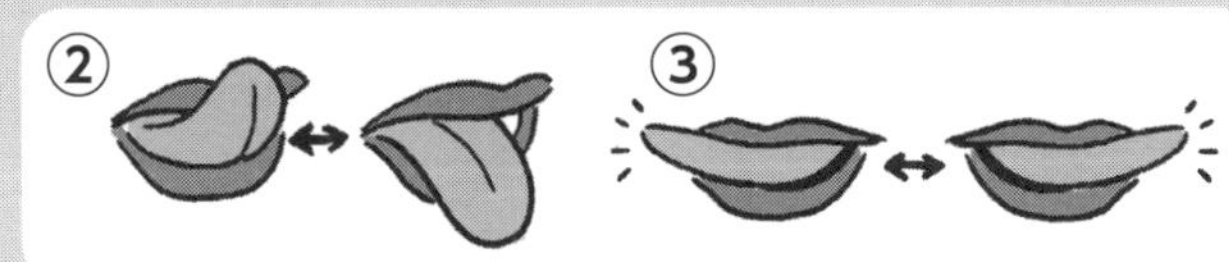

③ 左右体操

口から舌を出した状態で、口角にタッチするように左右に繰り返し動かします。

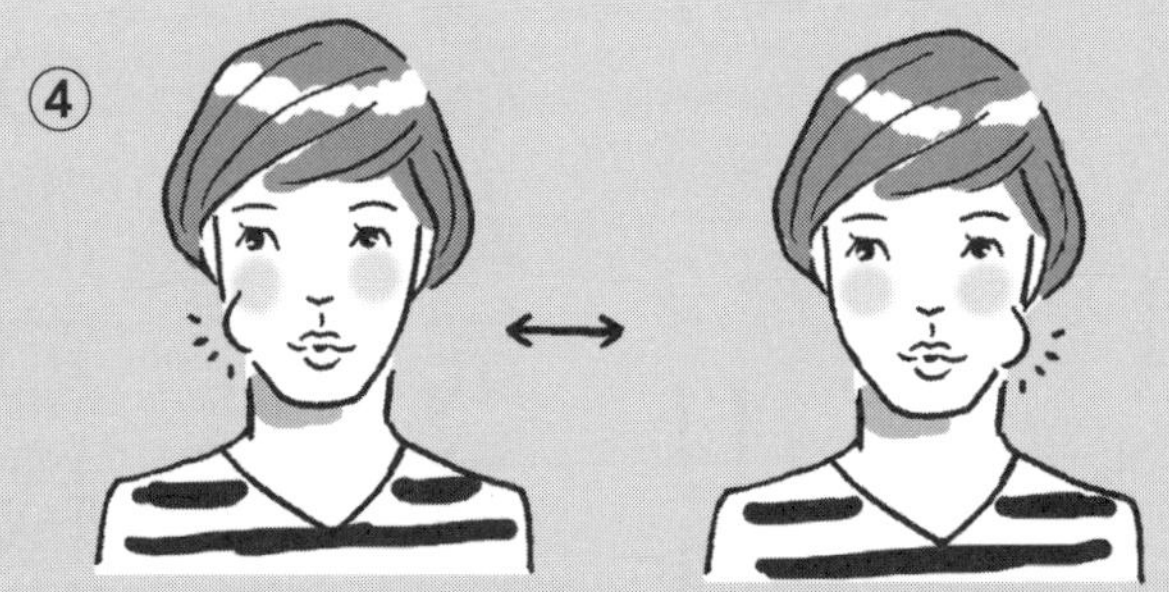

④ あめ玉体操

口を閉じて、舌先で左右の頬を内側から交互に押します。頬に手を当てると、あめ玉をなめているかのように、手に頬が押された膨らみを感じるぐらいしっかりと、左右交互に5回押します。

⑤ ぐるり体操

口を閉じて　歯と唇の間をなめるように舌を右回り、次いで左回りにぐるりと動かします。右回り左回りで1回、続けて5回行います。

滑舌のほかに、唾液の分泌がよくなったり、飲食物を喉にひっかけることの改善などにもつながります。

な行

第5週は、な行です。姿勢と呼吸を整えたら、口の形を確認しましょう。しっかり口を開けて、ゆっくりはっきり「ナ・ニ・ヌ・ネ・ノ」を言いましょう。

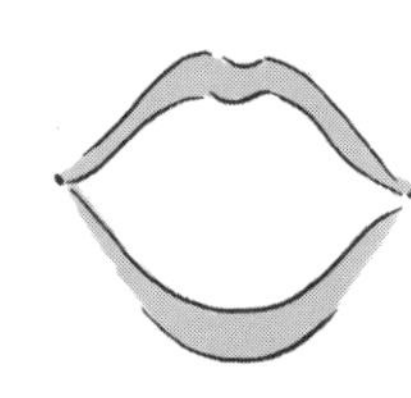

ここに注意！

息を鼻に抜いて音を出すので、しっかり発音ができると柔らかいよい印象になりますが、曖昧な発音だと音がこもって聞き取りにくくなります。

ONEPOINT

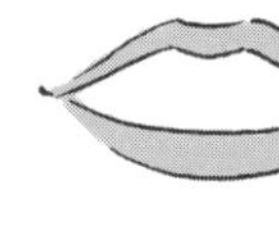
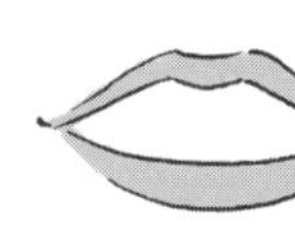

口と同時に舌も素早く動かすことが必要です。力まないようにすると言いやすくなります。

ナ 口を開けて明るく

ニ ヌと聞こえないように

ヌ ウの口の形を意識して

ネ 舌を出し気味だと甘ったれた感じに

ノ ヌと聞こえないように

5週目 な行

ナニヌネノ体操

1日目

わかりやすい発音のためには、一つひとつの音がはっきり聞こえなくてはなりません。次のドリルで口をしっかり動かして声を出し練習しましょう。

STEP 1 文字をよく見て。

ナニヌネノ
ニヌネノナ
ヌネノナニ
ネノナニヌ
ノナニヌネ

STEP 2 一音一音はっきりと。

ノナニヌネ
ネノナニヌ
ヌネノナニ
ニヌネノナ
ナニヌネノ

STEP 3 あせらず、ゆっくり。

ニヌネノナ
ナニヌネノ
ヌネノナニ
ノナニヌネ
ネノナニヌ

POINT

「ナニヌネノ」は言えるのに、他は言いにくい、と感じる方もいるかもしれませんね。でも、よくみると、出だしが違うだけで、どれももとは「ナニヌネノ」なのです。惑わされることなく言えるようにしましょう。

鼻声にならないように、口を開けて声を響かせましょう。

口の筋トレ

発音するときには口の周りや口の中、舌、などのたくさんの筋肉を使います。これらの筋肉を鍛えると、滑舌力がアップします。

ナノ　ナノ　ナノ　ナノ……（繰り返す）

ナネ　ナネ　ナネ　ナネ……（繰り返す）

ニヌ　ニヌ　ニヌ　ニヌ……（繰り返す）

ヌナ　ヌナ　ヌナ　ヌナ……（繰り返す）

ネノ　ネノ　ネノ　ネノ……（繰り返す）

STEP 1　上のフレーズをゆっくりしっかり口を動かし声に出しましょう。

STEP 2　一息で言えるところまで続けて何度も繰り返しましょう。

STEP 3　スムーズに言えるようになったら、少しずつ速くしていきましょう。

POINT

速くなると発音が曖昧になりがちです。うまく言えていないなと思ったら、少し遅くしましょう。テンポよく言えることが目標です。

口や口の周りの筋肉が衰えると、口が開かずよい発音がしにくくなります。しっかり筋トレをして滑舌をよくしましょう。

バラエティ練習

な行＋が行＝言いにくい

3日目

な行とが行が隣同士になると言いにくいですね。そんなときは、声をしっかり出し、口をはっきり動かすことを心がけましょう。

STEP 1 注意点に気をつけてゆっくり言いましょう。

STEP 2 1つの単語を3回ずつ言いましょう。

STEP 3 12個の単語を続けて、少し速く言ってみましょう。

間違えてもがっかりしないで。前向きなチャレンジに金メダル！

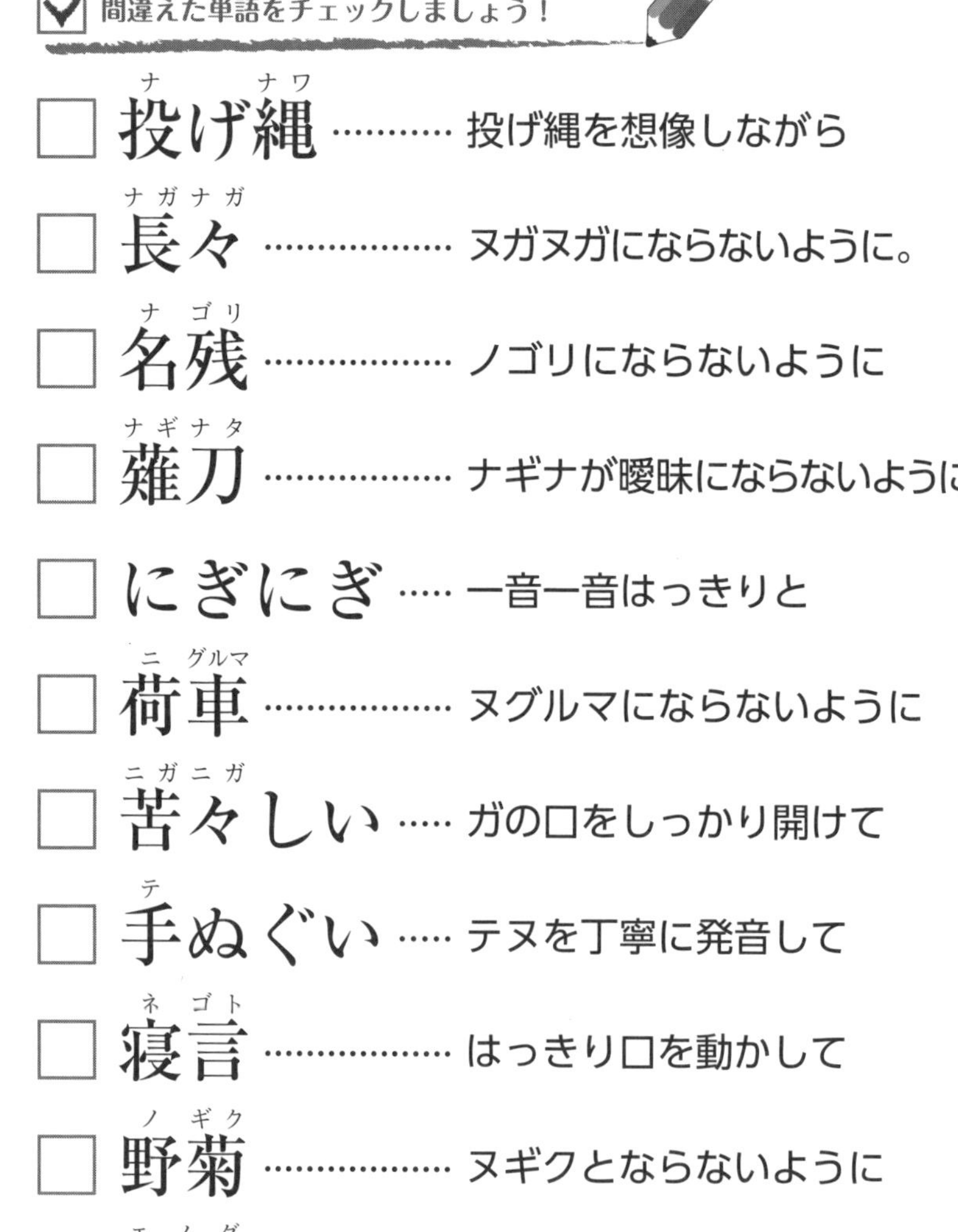
間違えた単語をチェックしましょう！

- □ 投（ナ）げ縄（ナワ）……… 投げ縄を想像しながら
- □ 長々（ナガナガ）……… ヌガヌガにならないように。
- □ 名残（ナゴリ）……… ノゴリにならないように
- □ 薙刀（ナギナタ）……… ナギナが曖昧にならないように
- □ にぎにぎ…… 一音一音はっきりと
- □ 荷車（ニグルマ）……… ヌグルマにならないように
- □ 苦々（ニガニガ）しい…… ガの口をしっかり開けて
- □ 手（テ）ぬぐい…… テヌを丁寧に発音して
- □ 寝言（ネゴト）……… はっきり口を動かして
- □ 野菊（ノギク）……… ヌギクとならないように
- □ 絵具（エノグ）……… ノグを一つずつ丁寧に
- □ 野川（ノガワ）……… ヌガワにならないように

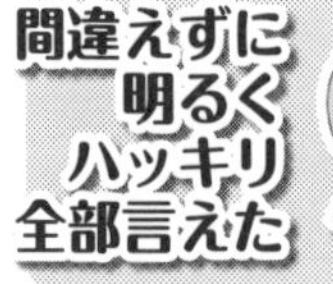

1回間違えたが最後まで言えた

2回間違えたが最後まで言えた

文で練習

4日目

これまで、口や舌の動きを改善し、一つひとつの音をはっきり発音する練習をしてきました。4日目はこれを文で練習してみましょう。

撫子（ナデシコ）の根に似たこの根は何？

二度も二の足を踏む荷主（ニヌシ）仲間

奈々子（ナナコ）がなかなか寝ないので眠くて寝なおす

こののれん　あののれん
みな絹（キヌ）の布なのね

POINT ネニニタで慌てないように

POINT ニヌシがヌヌシにならないように

POINT ナヤネはしっかり口を動かして発音

POINT ノノと続くがはっきりと

STEP 1 ハッキリ言えるようになったら、少しずつ速くしましょう。

STEP 2 一つの文を3回繰り返しましょう。

声がこもりがちなので、口を開けて一音一音丁寧に発音しましょう。

長い文で練習

5日目

少し長い文にチャレンジします。早口言葉のようで面白いですね。ゆっくり、正確に、はっきりと。声を出すことが楽しくなりますよ。

鍋の中の大きななな豆
小さななた豆

長野にゃ七年（ナナネン）　根室（ネムロ）にゃ二年、
中野（ナカノ）にゃ何年？

老若男女（ロウニャクナンニョ）問わず担い手（ニナイテ）を
求める乳業会社

相模灘（サガミナダ）、安芸灘（アキナダ）、熊野灘（クマノナダ）など
なるほど日本の灘だけどどんな灘？

POINT
ナが続くところは素早く口を動かし大きく開ける意識で

POINT
ニャをしっかり発音

POINT
老若男女をハッキリ言えるように練習

POINT
ナダがノダにならないようがんばって口を開けて

STEP 1
ハッキリ言えるようになったら、少しずつ速くしましょう。

STEP 2
一つの文を3回繰り返しましょう。

な行が多いと口が動きづらくなりますが、リラックスして口を開けましょう。

5週目
な行

チャレンジ練習

テレビ昼ご飯中継レポーター

テレビ中継のレポーターで、住宅地で昼ご飯を突撃レポートします。楽しく明るい表情で言いましょう。

こんにちは！　今日は、中野区（ナカノク）
野方（ノガタ）の環七通（カンナナドー）り近くの斜め屋根
のお宅に突入します！
なななななんと今日のお昼は、
ネバネバ納豆にレバニラ炒め、
にんにくの芽と葱（ネギ）ぬたですね。
戸棚の中にはバナナなどが並べ
られています。おいしそうでお
腹が鳴りそうです！

5週目　な行

上達+α こんなとき声は出ない！

声はいつでもスムーズに出るわけではなく、１日の中でも出しやすいとき、出しにくいときがあります。でも、毎日少しずつ、しっかりとした声を出すように心がけていると、声が出にくい場面が減っていきます。

声が出ないと慌てたり諦めたりせずに、徐々に慣らして声を出していきましょう。

【声が出にくいとき】（病気以外で）

寝起き、寝不足、眠い、夜中、
お腹がすいている、喉が渇いている、食べてすぐ、食べ過ぎ飲み過ぎ、
疲れている、走った直後、はしゃいだ後、
寒い、慌てている、緊張している、怖い、気持ちが沈んでいる、
長時間話していなかったとき、などなど。

風邪をひかなければいつでもよい声が出るというわけではありません。だからこそ肝心なときにベストコンディションで話せるように日頃の練習が必要なのです。

強化練習 その1

第6週は、今までの練習をベースにしたポイントごとのスペシャルトレーニング。いつもと違った練習で楽しくスキルアップを目指しましょう。

ここに注意！

スペシャルだからと意気込むと力が入って声が出しづらく、口が動かなくなってしまいます。リラックスして楽しんでくださいね。（34ページ　リラックスタイム）

あいうえお
かきくけこ

さしすせそ！

たちつてと
なに？

ぬねの！

ONEPOINT

姿勢、表情、呼吸、声の出し方、口の開け方を確認し、今までの練習を思い出して、明るい気持ちでチャレンジしましょう。

いつもと違うパターンの練習は、脳にも体にもよい刺激になりますね。

口軽やかに！「ぱ・た・か・ら」

唇や舌のそれぞれ違った４つの動きをピックアップします。それぞれの動きが軽くできるようになると、発音が明るく聞き取りやすくなります。

① 唇を使って

ぱっぱぱ
ぱっぱぱ
ぱぱっぱ
ぱぱぱ

ぱーぱぱ
ぱぱーぱ
ぱんぱんぱん

② 舌先を使って

らっらら
らっらら
ららっら
ららら

らーらら
ららーら
らんらんらん

③ 舌を使って

たったた
たったた
たたった
たたた

たーたた
たたーた
たんたんたん

④ 舌の奥を使って

かっかか
かっかか
かかっか
かかか

かーかか
かかーか
かんかんかん

STEP 1
顎を動かして口を大きく開け、明るい声で言いましょう。

STEP 2
初めはゆっくり、だんだん速くしていきましょう。

STEP 3
滑らかに言えるようになったら、1拍目で手拍子を付けてみましょう。

モグモグゴックンの飲食の口の動きや、口の締まりのトレーニングにもなります。

口軽やかに!「ば・だ・が」

2日目

今日は、発音が重くなってしまいがちな濁点のついた音をピックアップ。唇や舌を軽やかに使えるように練習しましょう。

STEP 1

まずは口慣らし
口を大きく開けて軽く

ばばば
だだだ
ががが
ばばだだがが
ばばだだがが

明るく軽く言えましたか?

STEP 2

舌の奥は動きにくくなりやすいので重点的に

かかがが　かかがが
かがかが　かがかが
かかがが　かがかが

STEP 3

文で練習

高田馬場(タカダノババ)に輝く宝がガバガバ
加賀のかがり火香川の鏡張り
ダバダバダ歌って
パラパラダンスでパラダイス

いつもの挨拶レベルアップ

3日目

ここまで練習してきた滑舌のノウハウを使うと、いつもの挨拶がぐんと爽やかで印象のよいものに！　早速 step 1～3で挨拶をしてみましょう。

おはようございます

POINT ほとんどがオとアの口の形なので口をしっかり開けて動かして

こんにちは　こんばんは

POINT 初めと終わりのコとワは口をしっかり開けて明るく

またあした

POINT シ以外は力まず大きく口を開けて

お世話になっています

POINT オセワは口を開けて声がこもらないように

おつかれさまでした

POINT 疲れていてもウツケレサーにならぬよう口を動かしオツカレサマ

STEP 1
姿勢よく、明るい表情で、5メートル位先の人へ声を届かせるつもりでのびのびと

STEP 2
母音のアやオが含まれた音は口をしっかり開けて

STEP 3
短いフレーズですがしっかり気持ちを込めて

うつむいて口を動かさずに言うのとでは印象が全然違いますね。

アの連続で明るく！

4日目

母音アが連続する言葉は言いにくいもの。でもこれをはっきり発音できると印象がとても明るくなります。口をしっかり開けて動かしましょう。

生ナマコ、赤ナマコ、ただのナマコ

POINT ナマは大きく口を動かして

田中（タナカ）、永谷（ナガヤ）、間仲（マナカ）が仲直り

POINT テヌカ、ヌガヤ、ムヌカならないように

サラダだから体にいい

POINT 一音一音口を開けて滑らかに

ただただダダ茶豆を食べた

POINT タとダを素早く口を開けてはっきりと

只今より開始します

POINT タライマ、ケーシにならないように

STEP 1 しっかり口を動かして。

STEP 2 一語一語はっきりと。

STEP 3 あせらずゆっくり。

私の苗字ハナガタも母音のア続き。油断するとフネガタなどの聞き間違いが…。

6週目 強化練習 その1

プロ技　母音の連続

一つの言葉でも、意味の切れ目がある場合や音を繰り返す擬態語などは母音をつなげずに言うと、聞き取りやすく、意味が伝わりやすくなります。

STEP 1 ×の例にならないよう自分の声をよく聞きながらゆっくり言いましょう。

STEP 2 1ができたら力まないよう気をつけて少し速く言いましょう。

STEP 3 通して2回続けて言いましょう。

① 青鬼（アオ オニ） → × アオーニ

② 柄編み（ガラ ア） → × ガラーミ

③ 胡麻和え（ゴ マ ア） → × ゴマーエ

④ 自意識（ジ イ シキ） → × ジーシキ

⑤ 速足（ハヤ アシ） → × ハヤーシ

⑥ 影絵（カゲ エ） → × カゲー

⑦ 見入る（ミ イ） → × ミール

⑧ 山歩き（ヤマ アル） → × ヤマールキ

⑨ いきいき → × イキーキ

⑩ おろおろ → × オローロ

有名早口言葉攻略

有名な早口言葉で滑舌練習しましょう。コツは、まずはゆっくり！はっきり！　一音ずつ口をしっかり動かしましょう。

STEP 1 しっかり口を動かして。

STEP 2 一語一語はっきりと。

STEP 3 あせらずゆっくり。

焦らない、諦めない、明るくチャレンジしてくださいね。

生麦生米生卵

POINT

① 母音アを意識して口を大きく開けてナマだけ繰り返します。ナマナマ……

②「生麦　生米　生卵」と、初めは心の中で切って言いましょう

③ 全体をつなげて、初めはゆっくり、だんだん速くしていきましょう

東京特許許可局

POINT

①「東京」「特許」「許可　局」と心の中で意味を考えて切ります

② 許可局のカは大きく口を開けて言いましょう

③ トをしっかり発音するとなおきれいです

赤巻紙 青巻紙 黄巻紙

POINT

① 巻紙だけ、マとガの口を開けることを意識して繰り返し練習。マキガミマキガミ……

② 意味で切る気持ちを持って「赤　巻紙、青巻紙、黄　巻紙」

③ ３つの巻紙を想像して全体をつなげてみましょう

中間テスト

ここまで練習してきたことを思い出して、5つの文を言いましょう。

①言いようのない異様な硫黄（イオー）の臭い

②互いに秘術をつくす
虚々実々（キョキョジツジツ）の駆け引き

③直面している滑舌習得は切実だ

④機関車、貨車、客車の連結状況を
客貨車区（キャクカシャク）で確認

⑤直ちに特許取得手続きに
取り掛からねばならない事態に
右往左往

●姿勢よく言えた ………… 20点
●お腹から声を出して言えた ………… 20点
●口をしっかり動かして言えた ………… 20点
●全てつかえずに言えた ………… 20点
●全て楽しく滑らかに言えた ………… 20点

点

全部クリアできれば100点！あなたは何点とれましたか？

テストのおさらい

中間テストはいかがでしたか？それぞれの文を見直してみましょう。できなかったところは、注意点をヒントに繰り返し言ってみてくださいね。

①言いようのない異様な硫黄の臭い

POINT イーヨーとイヨーとイオーの違いがわかるように

②互いに秘術をつくす虚々実々の駆け引き

POINT 秘術と実々は口の開きは大きくないがしっかり動かす

③直面している滑舌習得は切実だ

POINT カツゼツ、セツジツで力まないように

④機関車、貨車、客車の連結状況を客貨車区で確認

POINT キャクカシャクは口を大きく動かし丁寧に

⑤直ちに特許取得手続きに取り掛からねばならない事態に右往左往

POINT 特許 取得 手続き と心の中でほんの少し切ると言いやすい

緊張感をもってテストに臨むのも脳へのよい刺激になります。

補習授業 スキルアップドリル

ここまでの内容を盛り込んだ応用練習です。呼吸を整え、リラックスして楽しくチャレンジしましょう。

初々しい油井（ユイ）さんのお宮様での
お見合いは七（ナナ）度目だ

記入欄に書ききれない
今季夏期講習参加者

こちらの如来（ニョライ）像の修復に
使用した費用を算出

点火直後は確実な確認作業を
実施するよう指示済みです

POINT ウイとユイ、オミヤとオミアを区別してしっかり発音

POINT カキ、キキ、キコが軽く言えるように部分練習を

POINT ショーとヒョーを混同しないように

POINT チョクゴ、カクジツ、シジズミを力まずに

練習は楽しく・元気よく！口は軽く、表情は明るく！

著者が著書の著作権を主張

旅行業界はここ5年間右肩上がり急上昇と上層部の業績分析

なかなか届かぬ長野の荷、この荷の荷主の名がないのね

支社長によると、資料に記載されている通り、入居者数、加入者数とも、この数週間の伸びは如実（ニョジツ）だとのことです。

POINT 似た言葉に惑わされずにそれぞれはっきり言う

POINT ミギカタが言いにくいが口をしっかり動かし声を出すこと

POINT ナは声がこもらないように口を開けて声を響かせて発音

POINT ニューキョシャスーは慌てず一音ずつ丁寧に

上達+α　喉ケア5か条

よい滑舌のためには、喉のケアが大切です。

1　鼻呼吸を心掛ける

鼻呼吸は、ほこり等の侵入を防ぎ、乾いた空気を適度な湿度にして体内に取り込めるので、喉に優しいのです。口呼吸では乾いた空気が直接入り細菌やウィルスも侵入しやすくなります。

2　マスクを利用

マスク内は適度な湿度が保たれ、喉を傷めにくくなります。眠っている間に口呼吸になってしまうことも多いので、起きた時に喉がヒリヒリする人はマスクをして寝るのもおすすめです。

3　乾く前に飲む

日頃から喉が渇いたと感じる前に水分をとることが大切です。滑舌ドリルは喉の潤いを保ちながら行いましょう。

4　ゴロゴロうがい

うがいはゴロゴロと声を出して習慣にしましょう。

5　首温かく

体が冷えると喉を傷めやすくなります。首周り、手首、足首、そしてお腹回りを冷やさないようにしましょう。

は行

第**7**週は、は行です。姿勢と呼吸を整えたら、しっかり口を開けて、ゆっくりはっきり「ハ・ヒ・フ・ヘ・ホ」を言いましょう。

ここに注意！

吐く息の加減がうまくいかないとため息のようになってしまいます。また、ヒとシを混同しないようにしましょう。

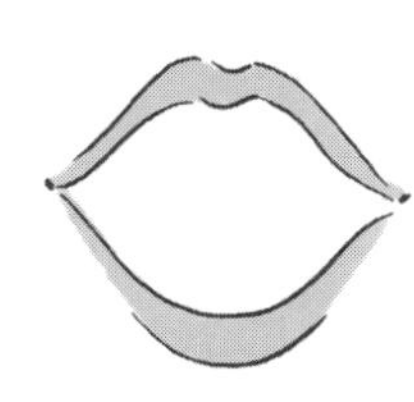

ONEPOINT

腹式呼吸をもう一度確認して、丁寧に発音することを心がけましょう。

ハ ため息にならないよう声を出して

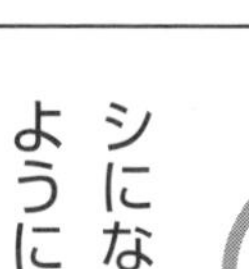

ヒ シにならないように

フ ウにならないように

ヘ 曖昧にならないように

ホ オにならないよう気をつけて

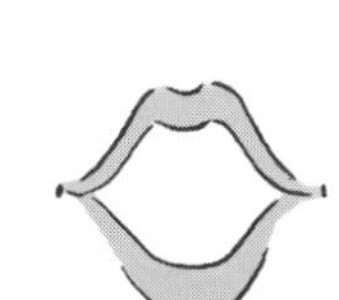

いよいよドリル後半です。さあ、練習開始！

ハヒフヘホ体操

1日目

わかりやすい発音のためには、一つひとつの音がはっきり聞こえなくてはなりません。次のドリルで口をしっかり動かして声を出し練習しましょう。

STEP 1　文字をよく見て。

ハヒフヘホ
ヒフヘホハ
フヘホハヒ
ヘホハヒフ
ホハヒフヘ

STEP 2　一音一音はっきりと。

ホハヒフヘ
ヘホハヒフ
フヘホハヒ
ヒフヘホハ
ハヒフヘホ

STEP 3　あせらず、ゆっくり。

フヘホハヒ
ホハヒフヘ
ヒフヘホハ
ヘホハヒフ
ホハヒフヘ

7週目　は行

POINT

「ハヒフヘホ」は言えるのに、他は言いにくい、と感じる方もいるかもしれませんね。でも、よくみると、出だしが違うだけで、どれももとは「ハヒフヘホ」なのです。惑わされることなく言えるようにしましょう。

息を吐きすぎるとすぐに苦しくなり、息が足りないと発音できませんね。しっかり息を吸って、吐く息を調整しましょう。

口の筋トレ

2日目

発音するときには口の周りや口の中、舌、などのたくさんの筋肉を使います。これらの筋肉を鍛えると、滑舌力がアップします。

ハホ　ハホ　ハホ　ハホ…（繰り返す）

ハヘ　ハヘ　ハヘ　ハヘ…（繰り返す）

フヒ　フヒ　フヒ　フヒ…（繰り返す）

プピ　プピ　プピ　プピ…（繰り返す）

ボベ　ボベ　ボベ　ボベ…（繰り返す）

STEP 1　上のフレーズをゆっくりしっかり口を動かし声に出しましょう。

STEP 2　一息で言えるところまで続けて何度も繰り返しましょう。

STEP 3　スムーズに言えるようになったら、少しずつ速くしていきましょう。

POINT

速くなると発音が曖昧になりがちです。うまく言えていないなと思ったら、少し遅くしましょう。テンポよく言えることが目標です。

口や口の周りの筋肉が衰えると、口が開かずよい発音がしにくくなります。しっかり筋トレをして滑舌をよくしましょう。

7週目　は行

バラエティ練習

は行で笑おう！

3日目

は行で笑いましょう。は行の練習になる上に、思い切り笑うことは発声にもとてもよいのです。お腹からしっかり声を出して笑いましょう。

STEP 1

はじめはゆっくり、一音ずつ切って、はっきり、同じ速さで言いましょう。

STEP 2

安定して言えるようになったら、少し早くしてみましょう。

STEP 3

それぞれ一息で言いましょう。

お腹から声を出していると、体が温まってきませんか？

あははは　はははは　あははは　はははは

POINT 楽しくて楽しくて　口を大きく開けて声を響かせましょう

おほほほ　ほほほほ　おほほほ　ほほほほ

POINT 「あははは」より少し口をすぼめてホの音を意識しましょう

えへへへ　へへへへ　えへへへ　へへへへ

POINT 軽い感じの笑いですが、エの口の形で大きく笑いましょう

いひひひ　ひひひひ　いひひひ　ひひひひ

POINT 口を横につぶし過ぎずイの口の形で声を響かせて笑いましょう

うふふふ　ふふふふ　うふふふ　ふふふふ

POINT 秘めた感じですが、大きな声で笑いましょう

文で練習

4日目

これまで、口や舌の動きを改善し、一つひとつの音をはっきり発音する練習をしてきました。4日目はこれを文で練習してみましょう。

冬場ははたはた鍋でホカホカだ

ババ抜きでババばかり気になる

美波里（ビバリ）さん

棒（ボー）読みの秒（ビョー）読みで

5秒前をごぼー前

予想百（ヒャッ）発（パッ）百（ヒャク）中（チュー）の表記に興奮

脈拍急上昇

POINT 息を出し過ぎて発音すると苦しくなるので調整して

POINT ババは大きな口で素早くバを二つ続ける

POINT ビョーとボーをはっきり区別して

POINT 慌てずに一つずつ言うと言える

STEP 1 ハッキリ言えるようになったら、少しずつ速くしましょう。

STEP 2 一つの文を3回繰り返しましょう。

内容を想像して言うと楽しいですね。

長い文で練習

5日目

少し長い文にチャレンジします。早口言葉のようで面白いですね。ゆっくり、正確に、はっきりと。声を出すことが楽しくなりますよ。

生え抜きの白髪（ハクハツ）の博士（ハカセ）が生え際（ギワ）を気にする

ひっきりなしに鳴る電話に辟易（ヘキエキ）とする取引先の人々

不本意（フホンイ）ながら被服費（ヒフクヒ）が膨らみ火の車と報告、ハイハイ百も承知と返事

非破壊（ヒハカイ）検査の品質管理で昭和バブル期のバルブがボロボロと判明

POINT 全てハは大きな口を心掛けて

POINT ヘキエキを丁寧に

POINT ショーチがヒョーチにならないように

POINT バブルとバルブは混同しやすいので注意

7週目 は行

STEP 1 ハッキリ言えるようになったら、少しずつ速くしましょう。

STEP 2 一つの文を3回繰り返しましょう。

紛らわしい言葉をスムーズに言う練習は脳トレに。文字をよく見て、落ち着いて声に出しましょう。

チャレンジ練習

CMナレーション

6・7日目

コマーシャルのコメントを読みましょう。様々な商品を扱うお店へお客さんが殺到するように、景気よく明るく読みましょう。

東広島(ヒガシヒロシマ)　みはほふ屋では、
只今本格破格セールを開催中！
欲しかった服飾品、履物(ハキモノ)、
ベビーグッズ、豊富な舶来品、
どれも店頭表示よりお値引き中！
抱腹絶倒(ホーフクゼットー)ウハウハ気分！
お買い物は、ぜひ、
価格破壊のみはほふ屋へ！

大売り出し

7週目
は行

上達＋α 滑舌UPで相槌好印象

短い言葉の相槌や返事でも、このドリルで練習してきたことを意識すると、相手にわかりやすくなり、印象がぐんとよくなります。

まずは、あなたの日頃の相槌と返事をチェックしましょう。

チェックポイント

Q１　ハッキリ言っていますか？

Q２　顔を上げていますか？

Q３　相手を見ていますか？

Q４　相槌の内容と合った表情をしていますか？

Q５　気持ちを込めて言っていますか？

これらがおろそかだと、関心が無いととられたり、暗く嫌味な感じを与えることもあります。

練習

最近話したあの人を思い浮かべて、チェックポイントに気をつけて相槌と返事の言葉を言ってみましょう。

呼ばれて…「はい」、違うと返事…「いいえ」

相槌で「はい」「ええ」「そうですか」

感心して「へー」、驚いて「そうですか」「へー」「わー」

注意

① 「はいはいはい」とたて続けに言うと落ち着かない印象に。ここ！というところで１回「はい」と言いましょう。

② いいです、大丈夫、やばい（若い世代が多く使う）は、イエスとノーのどちらともとれる言葉。聞き返される原因になってしまいますので、なるべく他の言葉に置き換えましょう。

7週目 は行

ま行

第8週は、ま行です。姿勢と呼吸を整えたら、しっかり口を開けて、ゆっくりはっきり「マ・ミ・ム・メ・モ」を言いましょう。

ここに注意！

ま行とば行は発音が似ていて、サムイ（寒い）をサブイと言うように同じように使われることがありますが、練習では発音を混同しないように注意しましょう。

ONEPOINT

寒くて唇が動かしづらくなると特に発音しにくいのがま行のことばですね。一度閉じた唇をサッと開けてはっきり発音できるようにしましょう。

滑舌だけでなく唇のしまりをよくする練習にもなりますね。

マ 口をしっかり開けて明るく

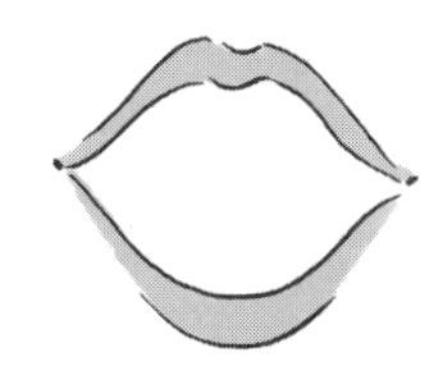

ミ ムにならないように

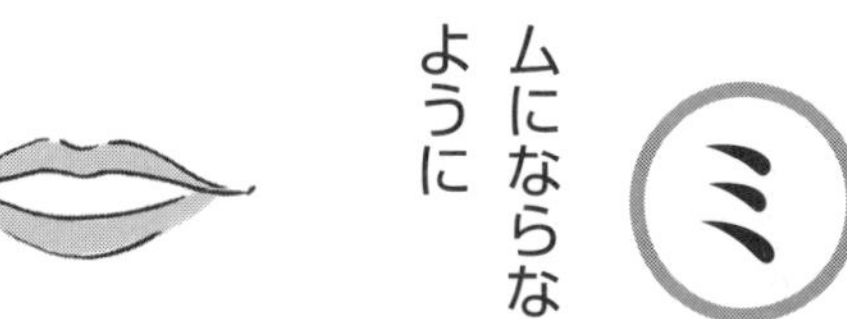

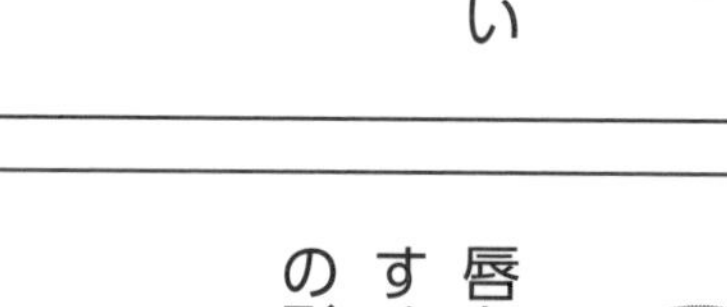

ム 唇を離したらすぐにウの口の形へ

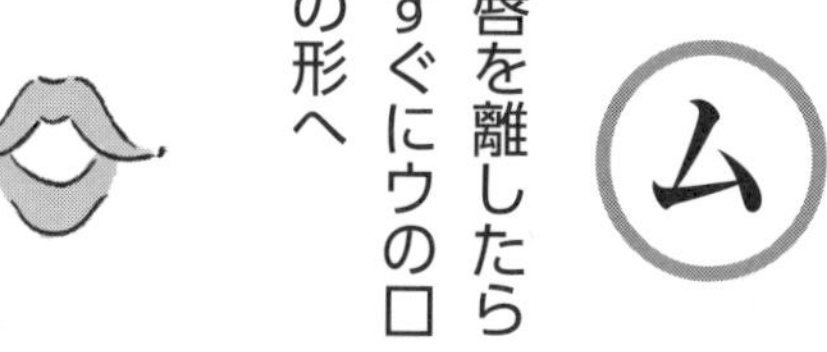

メ ミェにならないように

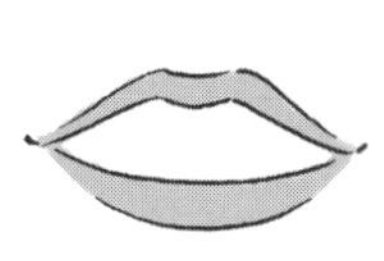

モ 口を開けて明るく発音

マミムメモ体操

わかりやすい発音のためには、一つひとつの音がはっきり聞こえなくてはなりません。次のドリルで口をしっかり動かして声を出し練習しましょう。

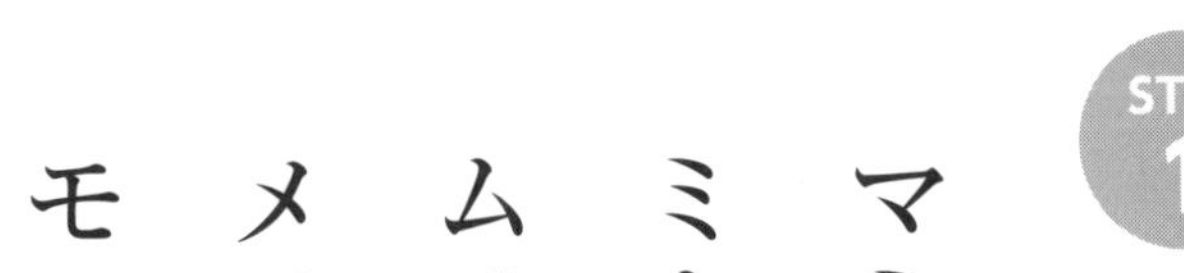

STEP 1 文字をよく見て。

マミムメモ
ミムメモマ
ムメモマミ
メモマミム
モマミムメ

STEP 2 一音一音はっきりと。

モマミムメ
メモマミム
ムメモマミ
ミムメモマ
マミムメモ

STEP 3 あせらず、ゆっくり。

メモマミム
モマミムメ
ミムメモマ
マミムメモ
ムメモマミ

POINT

「マミムメモ」は言えるのに、他は言いにくい、と感じる方もいるかもしれませんね。でも、よくみると、出だしが違うだけで、どれももとは「マミムメモ」なのです。惑わされることなく言えるようにしましょう。

慌てるともごもごしてしまいそうです。しっかり口を開けて一音ずつはっきり聞こえることを確かめながら言いましょう。

口の筋トレ

2日目

発音するときには口の周りや口の中、舌、などのたくさんの筋肉を使います。これらの筋肉を鍛えると、滑舌力がアップします。

マモ　マモ　マモ　マモ…（繰り返す）

ミム　ミム　ミム　ミム…（繰り返す）

ムメ　ムメ　ムメ　ムメ…（繰り返す）

ミモ　ミモ　ミモ　ミモ…（繰り返す）

モミュ　モミュ　モミュ…（繰り返す）

STEP 1 上のフレーズをゆっくりしっかり口を動かし声に出しましょう。

STEP 2 一息で言えるところまで続けて何度も繰り返しましょう。

STEP 3 スムーズに言えるようになったら、少しずつ速くしていきましょう。

POINT

速くなると発音が曖昧になりがちです。うまく言えていないなと思ったら、少し遅くしましょう。テンポよく言えることが目標です。

口や口の周りの筋肉が衰えると、口が開かずよい発音がしにくくなります。しっかり筋トレをして滑舌をよくしましょう。

8週目 ま行

バラエティ練習

寒いと言えない言葉

3日目

ま行の言葉は、寒いときは勿論、寒くなくても、唇の動きが鈍ると言いにくくなります。次の言葉で唇の動きを意識してはっきり言う練習をしましょう。

STEP 1 注意点に気をつけてゆっくり言いましょう。

STEP 2 1つの単語を3回ずつ言いましょう。

STEP 3 10個の単語を続けて、少し速く言ってみましょう。

冬の早朝に山からのラジオ生中継をし、凍えた口で何とかレポートした思い出があります。

☑ 間違えた単語をチェックしましょう！

- □ まばゆい……マバで口を開ける意識を
- □ 摩耗する……モモーに聞こえないように
- □ 真向い……モムカイ、ムムカイではなくマムカイ
- □ お目見えする…オメミの部分が難しいが慌てずに
- □ 無謀……こもらないように、口をはっきり動かして
- □ 夢物語……ユメモを一音ずつはっきりと
- □ メモする……メモを急がずに
- □ 女々しい……メメが言いにくいが一音ずつ聞こえるように
- □ もめる……モモルにならないように
- □ 桃の実……モモをはっきりと

間違えずに明るくハッキリ全部言えた

1回間違えたが最後まで言えた

2回間違えたが最後まで言えた

文で練習

4日目

これまで、口や舌の動きを改善し、一つひとつの音をはっきり発音する練習をしてきました。4日目はこれを文で練習してみましょう。

ひ孫と孫のままごと遊び

POINT マの口を大きく開けて

針が目まぐるしく動き目盛りをさす

POINT メマやメモははっきり口を動かして

脈々と受け継がれる民族の祭り

POINT ミャクがミヤクやマクにならないように

湯あみも揉みほぐすのももう満足

POINT 意味を考えて少し切ると言いやすくなる

STEP 1 ハッキリ言えるようになったら、少しずつ速くしましょう。

STEP 2 一つの文を3回繰り返しましょう。

リラックスして言いましょう。

8週目 ま行

長い文で練習

5日目

少し長い文にチャレンジします。早口言葉のようで面白いですね。ゆっくり、正確に、はっきりと。声を出すことが楽しくなりますよ。

真向いの婿（ムコ）様（サマ）はまめまめしい

魔物から身を守る守り神

眠いのに耳元で
寝耳に水の妙（ミョー）なささやき

やむをえず桃も豆もままかりも
もろみ味噌ももっと盛り付けたのに
飲み物ももうない

POINT マメマメを口をしっかり動かして

POINT マモがモモにならないように

POINT ミを発音するときに力まないように

POINT ヤモーエズではなくヤムオエズ

STEP 1 ハッキリ言えるようになったら、少しずつ速くしましょう。

STEP 2 一つの文を3回繰り返しましょう。

ちょっと大変ですが口や唇をよく動かすと口の締まりも表情もよくなりますよ。

チャレンジ練習

刑事ドラマ主人公

刑事ドラマの主人公が、緊迫した雰囲気の中、部下に目撃情報の確認をするシーン。敏腕デカになりきって台詞を言いましょう。

現場は六曲（ムマ）がりの向こうの真新しい民家だ。巧妙（コーミョー）な手口で真南の間口から、籾摺（モミス）り機を盗み出している…。犯人の目撃情報は、もみあげもさもさ、むくんだ目元（メモト）、右耳に耳輪のみだ。見間違いがないか真向いの三室（ミムロ）宅へ向かってくれ。

はっきり言うように心がけ、緊迫感を出しましょう。

補習授業 素早く開閉、唇の体操

素早くはっきり唇を開け閉めするのはなかなか大変ですね。そこで、動きの鈍った口周りの筋肉を目覚めさせ、滑らかな発音を目指しましょう。

①
Ⓜマママ　パパパパ　ババババ　ミャミャミャミャ
ピャピャピャピャ　ビャビャビャビャ

②
ミャミュミャミュ　ミョミョミョミョ
ピャピュピャピュ　ピョピョピョピョ
ビャビュビャビュ　ビョビョビョビョ

③
マムマム　パムパム　バムバム　ミャミュミャミュ
ピャミュピャミュ　ビャミュビャミュ

④
ミャムミャム　ピャムピャム　ビャムビャム
マミュマミュ　パミュパミュ　バミュバミュ

STEP 1 ①②③④を口をしっかり開けてゆっくり言いましょう。

STEP 2 少しずつ早くしていきましょう。

STEP 3 言えるようになったら一拍目で手拍子をしてみましょう。

言いにくくて怖い顔になっていませんか？明るい表情を意識して！

手拍子をして楽しく滑らかに言えた（金）

つかえずに少し速く言えた（銀）

ゆっくり口をしっかり開けて言えた（銅）

8週目　ま行　補習授業

口周りが温まってきませんか？唇の動きとともに表情もよくなりますよ。

【応用編】

①屏風（ビョーブ）前のあなた、お名前はバミュバミュさんですか？　いいえ、パミュパミュです！

②ぽかぽか陽気のベランダで、まめまめしくて女々しくて目まぐるしく揉み揉みとは妙（ミョー）だ

③まごまごしてお前様がもめごとに巻き込まれないよう見守るパパ、ババ、ママ。

④ポップコーン頬（ホー）張（バ）るすべすべお肌のボブカット美女のパフォーマンスは見ものです

8週目　ま行　補習授業

上達+α 苦手+時間プレッシャー

アナウンサーは、時間内に的確にコメントを言う必要がありますが、新人時代にこれで大失敗をしてしまいました。

当時担当していた約５分の録画番組の途中で画面が真っ暗になるという放送事故が起こり、番組終わりの５秒間に生放送でお詫びコメントを入れることになり私は大急ぎでスタジオへ。ところが「お見苦しい点がありましたことをお詫び申し上げます。」という言いにくいコメントに加え気持ちが焦っていたため「オミグル、おミグ、オミグ…」とつかえている内に時間は過ぎ、放送はCMに切り替わっていました。お詫びコメントを入れるはずが、なお見苦しいことに。その後滑舌練習に精を出したのは言うまでもありません…。

皆さんも、言いにくい言い回しがあると思います。早く言わなくてはと焦ると余計言えなくなるものですね。日頃から練習をしておくと、次に話すとき、きっとスムーズに言えますよ。

放送での言いにくいことばあれこれ

- 11月11日日曜日、11時になりました。
- 風邪などひかぬよう温かくしてお過ごしください。
- 繰り広げられています。
- この暖かさはエルニーニョ現象によるもので
- ６カ国協議の参加各国
- 赤坂サカスから中継です

や行

第9週は、や行です。姿勢と呼吸を整えたら、しっかり口を開けて、ゆっくりはっきり「ヤ・イ・ユ・エ・ヨ」を言いましょう。

ここに注意！

ゆっくりすぎてしまうと、ヤ、ユ、ヨがイヤ、イユ、イヨとなってしまいます。また、あ行と混同することもあるので、自分の声をよく聞いてチェックしてみましょう。

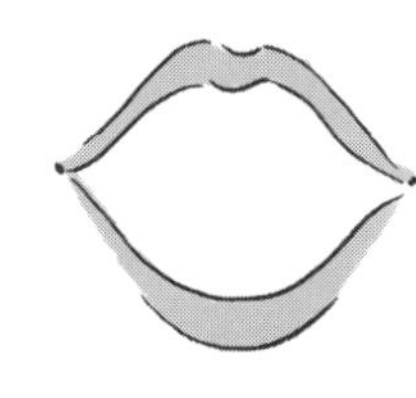

ヤ 素早く口を動かしヤと発音

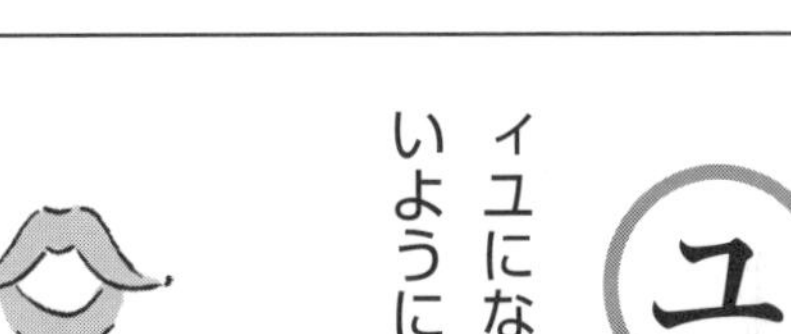

ユ ィユにならないように

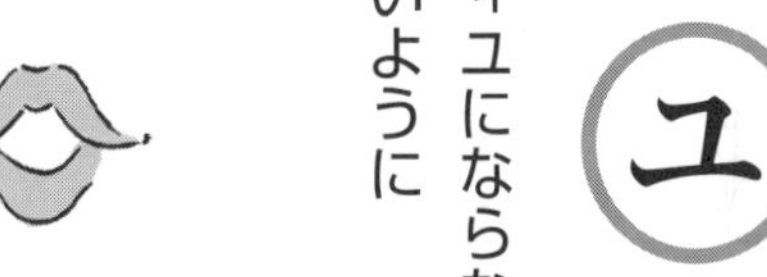

ヨ はっきりヨと聞こえるように

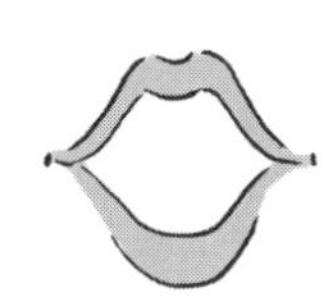

ONEPOINT

発音が粘った感じや曖昧な感じにならないように、顎や舌を素早くしっかり動かして言うようにしましょう。

口をよく使うので、疲れたら深呼吸、そしてリラックスタイムを（34ページ）。

ヤイユエヨ体操

1日目

わかりやすい発音のためには、一つひとつの音がはっきり聞こえなくてはなりません。次のドリルで口をしっかり動かして声を出し練習しましょう。

STEP 1 文字をよく見て。

ヤイユエヨ
イユエヨヤ
ユエヨヤイ
エヨヤイユ
ヨヤイユエ

STEP 2 一音一音はっきりと。

ヨヤイユエ
エヨヤイユ
ユエヨヤイ
イユエヨヤ
ヤイユエヨ

STEP 3 あせらず、ゆっくり。

イユエヨヤ
ヨヤイユエ
ヤイユエヨ
エヨヤイユ
ユエヨヤイ

POINT

「ヤイユエヨ」は言えるのに、他は言いにくい、と感じる方もいるかもしれませんね。でも、よくみると、出だしが違うだけで、どれももとは「ヤイユエヨ」なのです。惑わされることなく言えるようにしましょう。

速く言おうとすると、隣の音とつながってしまいそうですね。急がずに、一つひとつの音がはっきり聞き取れる速さで練習しましょう。

口の筋トレ

発音するときには口の周りや口の中、舌、などのたくさんの筋肉を使います。これらの筋肉を鍛えると、滑舌力がアップします。

ヤヨ　ヤヨ　ヤヨ　ヤヨ……（繰り返す）
ヤユ　ヤユ　ヤユ　ヤユ……（繰り返す）
ユヨ　ユヨ　ユヨ　ユヨ……（繰り返す）
ヤヤ　ヤヤ　ヤヤ　ヤヤ……（繰り返す）
イヨ　イヨ　イヨ　イヨ……（繰り返す）

STEP 1 上のフレーズをゆっくりしっかり口を動かし声に出しましょう。

STEP 2 一息で言えるところまで続けて何度も繰り返しましょう。

STEP 3 スムーズに言えるようになったら、少しずつ速くしていきましょう。

POINT

速くなると発音が曖昧になりがちです。うまく言えていないなと思ったら、少し遅くしましょう。テンポよく言えることが目標です。

口や口の周りの筋肉が衰えると、口が開かずよい発音がしにくくなります。しっかり筋トレをして滑舌をよくしましょう。

バラエティ練習

紛らわしい！や行の大と小

3日目

9週目 や行

や行の含まれる言葉は、大きい「ヤユヨ」のつもりが小さい「ャュョ」に聞こえることが。違いがはっきりわかるように言いましょう。

① 今年は飛躍！ ↔ 今年は百！
② 試薬はどの位？ ↔ 尺（シャク）はどの位？
③ 規約が厳しくて ↔ 客が厳しくて
④ 自由だね ↔ 十（ジュー）だね
⑤ 理由を書いてね ↔ 竜を書いてね
⑥ 費用が要る ↔ 豹が居る
⑦ 器用ね ↔ 今日ね
⑧ どこへ行くの？美容院（ビヨーイン） ↔ どこへ行くの？病院
⑨ 使用者については ↔ 商社については
⑩ 仕様書をお持ちですか？ ↔ 証書をお持ちですか？

STEP 1 まずはゆっくりはっきり言いましょう。

STEP 2 間違わずに全て言えたら、速くしてみましょう。

STEP 3 ①から⑩まで通して3回言ってみましょう。

聞いている人がわかるように一つひとつの音を丁寧に発音しましょう。

3回通してハッキリ言えた

2回通してハッキリ言えた

1回通してハッキリ言えた

文で練習

4日目

これまで、口や舌の動きを改善し、一つひとつの音をはっきり発音する練習をしてきました。4日目はこれを文で練習してみましょう。

ややもすると緩(ユル)みがちな気持ち

眉ずみで眉山(マユヤマ)を整えニヤニヤ

屋根屋のおやつはやわらかいよもぎ餅

代々木プール第4コース、四(ヨン)泳法余裕(ヨユー)がある矢作(ヤハギ)の泳ぎが注目されます。いよいよスタートです。

POINT ヤヤはヤを2回はっきり発音

POINT マユヤマは口を大きく動かして

POINT ヤーラカイではなくヤワラカイ

POINT や行が続くところは、力まず口を大きく動かしてはっきりと

STEP 1 ハッキリ言えるようになったら、少しずつ速くしましょう。

STEP 2 一つの文を3回繰り返しましょう。

口を素早くしっかり動かしましょう。

長い文で練習

5日目

少し長い文にチャレンジします。早口言葉のようで面白いですね。ゆっくり、正確に、はっきりと。声を出すことが楽しくなりますよ。

八百万（ヤオヨロズ）の神々に厄除け祈願

POINT ヤオヨロズをはっきりと

着くやいなやゆず湯の湯殿（ユドノ）で湯あみした

POINT ユアミがヤーミにならないように

予算を湯水（ユミズ）のごとく使わず、嫌々（イヤイヤ）宿屋の予約に融通

POINT イヤーヤ、ヨアクではなく、イヤイヤ、ヨヤク

今宵（コヨイ）もよもやま話や夜曲（ヤキョク）に酔いしれ夜明け間近（マヂカ）にようやく夢の中

POINT ヨマーマバナシではなくヨモヤマバナシとはっきり

STEP 1 ハッキリ言えるようになったら、少しずつ速くしましょう。

STEP 2 一つの文を3回繰り返しましょう。

青空の下でのびのび話すように声を出しましょう。

チャレンジ練習

旅番組のナレーション

6・7日目

テレビの旅番組のナレーションです。お馴染みの３人が温泉場を旅する様子が映し出され、ＢGMとともにあなたの声がお茶の間に流れます。

石段の下から通りを見上げればお土産屋が並ぶ湯の町。ようやくたどり着いた一行は、誘惑にかられ懐かしいヨーヨーや弓矢で大はしゃぎ。湯あみ用にと一ように一応タオルを買い求めました。いやはや用意がいいですねえ。

見ている人が一緒に旅をしている気分になれるように楽しく読みましょう。

9週目 や行

上達+α 口癖はマイナス効果

「えー私は、えーこの問題につきまして、えー…」といった具合に。えーを連発する人がいます。

「私は、あー、この点の、おー、解決につきまして、えー…」と前の言葉の母音を伸ばす人も。

無意識のうちに言っていることもあるようですが、えーと言いながら次の言葉を探したり、間があいてはいけないという気持ちから言ってしまうケースも多いようです。

しかし、これは逆効果で、話し方にめりはりがなくなり聞き取りにくくなってしまいます。

滑舌ドリルで、皆さんは口癖を入れずに言えていますか？　前ページのナレーションでも「えー石段の下から通りを見上げれば、えー…」などと言っていませんか？

この口癖を直すには、自分で意識して言わないようにすることが大切です。言いそうになったら心の中で言うようにしましょう。間が空いてしまうのではと心配かもしれませんが、むしろこれが丁度よい間になり落ち着いて聞こえます。口癖がないか気をつけてゆっくり言うことから練習を進めていきましょう。

ら行

第**10**週は、ら行です。姿勢と呼吸を整えたら、しっかり口を開けて、ゆっくりはっきり「ラ・リ・ル・レ・ロ」を言いましょう。

ここに注意！

ら行のことばが続くと、思わず強い巻き舌になってしまったり、だ行と混同してしまうことがあるので注意しましょう。

ONEPOINT

発音しにくいからと、舌に力が入りすぎないようにし、舌を巻きすぎないよう気をつけて。ベロレロ体操（52ページ）で舌をほぐすと言いやすくなります。

話すときだけでなく食べるときの口の中の動きもよくなります。

ラ

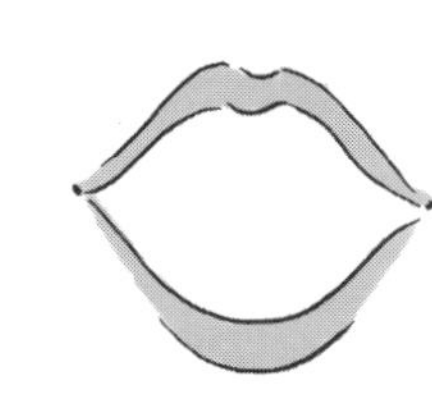

巻き舌にならないように

力まないように

舌の余分な力を抜いて

デに聞こえていないか注意

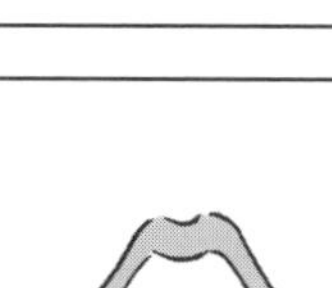

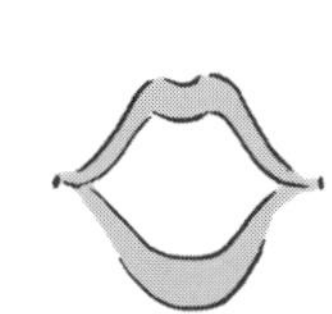

ラと間違われないように口としっかり

ラリルレロ体操

1日目

わかりやすい発音のためには、一つひとつの音がはっきり聞こえなくてはなりません。次のドリルで口をしっかり動かして声を出し練習しましょう。

STEP 1 文字をよく見て。

ラリルレロ
リルレロラ
ルレロラリ
レロラリル
ロラリルレ

STEP 2 一音一音はっきりと。

ロラリルレ
レロラリル
ルレロラリ
リルレロラ
ラリルレロ

STEP 3 あせらず、ゆっくり。

ルレロラリ
ロラリルレ
レロラリル
リルレロラ
ラリルレロ

10週目 ら行

POINT

「ラリルレロ」は言えるのに、他は言いにくい、と感じる方もいるかもしれませんね。でも、よくみると、出だしが違うだけで、どれももともとは「ラリルレロ」なのです。惑わされることなく言えるようにしましょう。

慌てて舌をかまないように！　リラックスして（34ページ）楽しくダンスをするように軽やかに舌を動かすイメージで言いましょう。

口の筋トレ

2日目

発音するときには口の周りや口の中、舌、などのたくさんの筋肉を使います。これらの筋肉を鍛えると、滑舌力がアップします。

ロレ　ロレ　ロレ　ロレ…（繰り返す）

リラ　リラ　リラ　リラ…（繰り返す）

ラロ　ラロ　ラロ　ラロ…（繰り返す）

ルロ　ルロ　ルロ　ルロ…（繰り返す）

リヨリ　リヨリ　リヨリ…（繰り返す）

STEP 1 上のフレーズをゆっくりしっかり口を動かし声に出しましょう。

STEP 2 一息で言えるところまで続けて何度も繰り返しましょう。

STEP 3 スムーズに言えるようになったら、少しずつ速くしていきましょう。

POINT

速くなると発音が曖昧になりがちです。うまく言えていないなと思ったら、少し遅くしましょう。テンポよく言えることが目標です。

口や口の周りの筋肉が衰えると、口が開かずよい発音がしにくくなります。しっかり筋トレをして滑舌をよくしましょう。

10週目 ら行

バラエティ練習

ら行で歌おう！

3日目

歌って舌の動きをよくしましょう。「ドレミの歌」の初めの部分に「ラリルレロ」で歌詞をつけました。大きな口で、笑顔で歌いましょう。

POINT

ら行2番の歌詞は、「ドレミの歌」本来の歌詞と母音が同じなことに気がつきましたか？1番2番とも歌えるようになったら、4拍子のリズムで手拍子をしても楽しいですよ。

【本来の歌詞】

ドーはドーナツのドー
レーはレモンのレー
みーはみーんなーのーみー
ファーはファイトのファー

1番、2番とも軽やかに歌えるようにしましょう。

【ら行の歌詞１番】

ラーララーラ　ラララー
リーリリリリリリー
ルールルールルールールー
レー　レ　レレレレレー

【ら行の歌詞２番】

ローラローラルロロー
レーラレロンロレー
リーラリーンラーローリー
ラー　ラ　ラリロロラー

滑舌練習、脳トレ、明るく声を響かせるトレーニングに。さらに、物を食べるときの舌使い改善にもつながります。

文で練習

4日目

これまで、口や舌の動きを改善し、一つひとつの音をはっきり発音する練習をしてきました。４日目はこれを文で練習してみましょう。

彼らは履歴書に経歴羅列

POINT リレキをしっかりと

レレちゃん炉端(ロバタ)でゴロゴロ昼寝

POINT レレはレを2回丁寧に

ゲリラ豪雨にだらだらしてはいられない

POINT 口をしっかり動かして一音ずつはっきり

問い詰められてレロレロの理論家

POINT レロレロを力まず軽く言えるように

STEP 1 ハッキリ言えるようになったら、少しずつ速くしましょう。

STEP 2 一つの文を3回繰り返しましょう。

初めは、とにかくゆっくり丁寧にを心掛けましょう。

長い文で練習

5日目

少し長い文にチャレンジします。早口言葉のようで面白いですね。ゆっくり、正確に、はっきりと。声を出すことが楽しくなりますよ。

キャベツはアブラナ科の植物です

香り漂（タダヨ）うあれはリラとも言われるライラック

素粒子論（ソリューシロン）、ソリューション、呂律（ロレツ）が回らない

一流（イチリュー）一輪車乗りがクラシックのオリジナルレコードで癒される

POINT アブラナはアラナで大きく口を開けると言える

POINT あれはとリラの間を少し開けると言いやすい

POINT 落ち着いて文字をよく見て言いましょう

POINT オリジナルレコードは慌てないで言いましょう

STEP 1 ハッキリ言えるようになったら、少しずつ速くしましょう。

STEP 2 一つの文を3回繰り返しましょう。

一つひとつ練習すれば呂律は回るようになりますよ。

10週目 ら行

チャレンジ練習

ホームセンター店頭販売

6・7日目

ホームセンターの店頭で、便利な家庭用ロッカーを販売します。商品を見せながら、こんなに便利！と、笑顔できびきび話しましょう。

こちらは室蘭（ムロラン）の会社で開発されたらくらくロッカー、略して「ラクロ」です。旅行用の大きなリュックは入れられませんが、小さなリュックはらくらく入れられロックをかけられます。２つ連結させたゆとりある利用方法もご覧に入れましょう。

10週目 ら行

テンポよく、お客さまに
話しかけるように言う
と、売れますよ。

上達+α 気持ちの込め方で聞き取りやすさが違う

滑舌は悪くなくても無表情で棒読みのような話し方だととても伝わりにくくなってしまいます。一方で表情豊かに気持ちのこもった言葉だと、聞き手に理解したいという気持ちが働き、よく聞き取ってもらえます。

みなさんは日頃、無表情な話し方をしていませんか？　表情をつけて言葉を言う練習をしてみましょう。

「これは食べられます。」を①から⑤の気持ちで表情をつけて言ってみましょう。

① 単に情報を伝えるだけ
② 質問するように
③ 嬉しそうに
④ 仕方なく
⑤ 驚いて

滑舌よく、気持ちのこもった表情のある話し方が、相手にスムーズに届くのです。

わ行

第11週は、わ行と「ン」です。姿勢と呼吸を整えたら、しっかり口を開けて、ゆっくりはっきりワを言いましょう。

ここに注意！

ワの発音が曖昧だと、聞いている側からはアと聞こえてしまいます。また、ンを無意識の内に速く短く言ってしまう人がいますが、早口で聞き取りにくくなります。

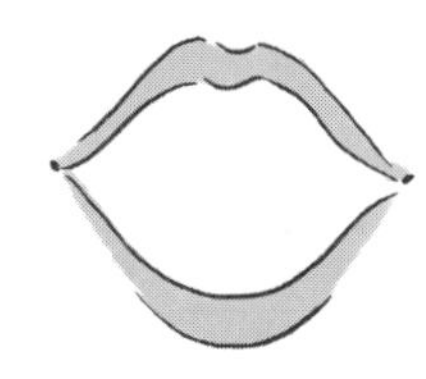

しっかり口を動かして発音

「わわ！」
「わ」「わ!!」

「ん？」「ん」
「ん?!」

ONEPOINT

ワは、口をしっかり動かして丁寧に発音しましょう。ンは短くなりすぎないようにしましょう。少しの注意で、聞き取りやすさが増します。

口や唇に余分な力が入らないように、リラックスして練習開始！

ワイウエオ体操

1日目

わかりやすい発音のためには、一つひとつの音がはっきり聞こえなくてはなりません。次のドリルで口をしっかり動かして声を出し練習しましょう。

STEP 1 文字をよく見て。

ワイウエオ
イウエオワ
ウエオワイ
エオワイウ
オワイウエ

STEP 2 一音一音はっきりと。

オワイウエ
エオワイウ
ウエオワイ
イウエオワ
ワイウエオ

STEP 3 あせらず、ゆっくり。

イウエオワ
オワイウエ
ワイウエオ
ウエオワイ
エオワイウ

＊共通語で「を」の発音は「お」と同じなので、「オ」と記してあります。

POINT

「ワイウエオ」は言えるのに、他は言いにくい、と感じる方もいるかもしれませんね。でも、よくみると、出だしが違うだけで、どれももともとは「ワイウエオ」なのです。惑わされることなく言えるようにしましょう。

STEP1からSTEP3に行くにしたがって、「ワ」が「ア」に変わってきてしまっていませんか？　最後まで「ワ」に気をつけて言いましょう。

11週目　わ行

口の筋トレ

発音するときには口の周りや口の中、舌、などのたくさんの筋肉を使います。これらの筋肉を鍛えると、滑舌力がアップします。

アワ　アワ　アワ　アワ…（繰り返す）

ワオ　ワオ　ワオ　ワオ…（繰り返す）

ウワ　ウワ　ウワ　ウワ…（繰り返す）

イワ　イワ　イワ　イワ…（繰り返す）

アン　イン　ウン　エン…（繰り返す）

STEP 1 上のフレーズをゆっくりしっかり口を動かし声に出しましょう。

STEP 2 一息で言えるところまで続けて何度も繰り返しましょう。

STEP 3 スムーズに言えるようになったら、少しずつ速くしていきましょう。

POINT

速くなると発音が曖昧になりがちです。うまく言えていないなと思ったら、少し遅くしましょう。テンポよく言えることが目標です。

口や口の周りの筋肉が衰えると、口が開かずよい発音がしにくくなります。しっかり筋トレをして滑舌をよくしましょう。

わ行

バラエティ練習

いつのまにか「ワ」が「ア」に!?

3日目

「ワ」の発音が甘くなると「ア」に聞こえてしまいます。自分の発音を確認しながら、身近な「ワ」の含まれる言葉を大きな声で言いましょう。

STEP 1 ×の例にならないよう注意して、ゆっくり言いましょう。

STEP 2 しっかり言えていたら、少し早く言いましょう。

STEP 3 通して2回続けて言いましょう。

①お椀 ……→ ×オアン

②たわし ……→ ×タアシ、ターシ

③魅惑の ……→ ×ミアクノ

④戯（タワム）れる ……→ ×タアムレル、タームレル

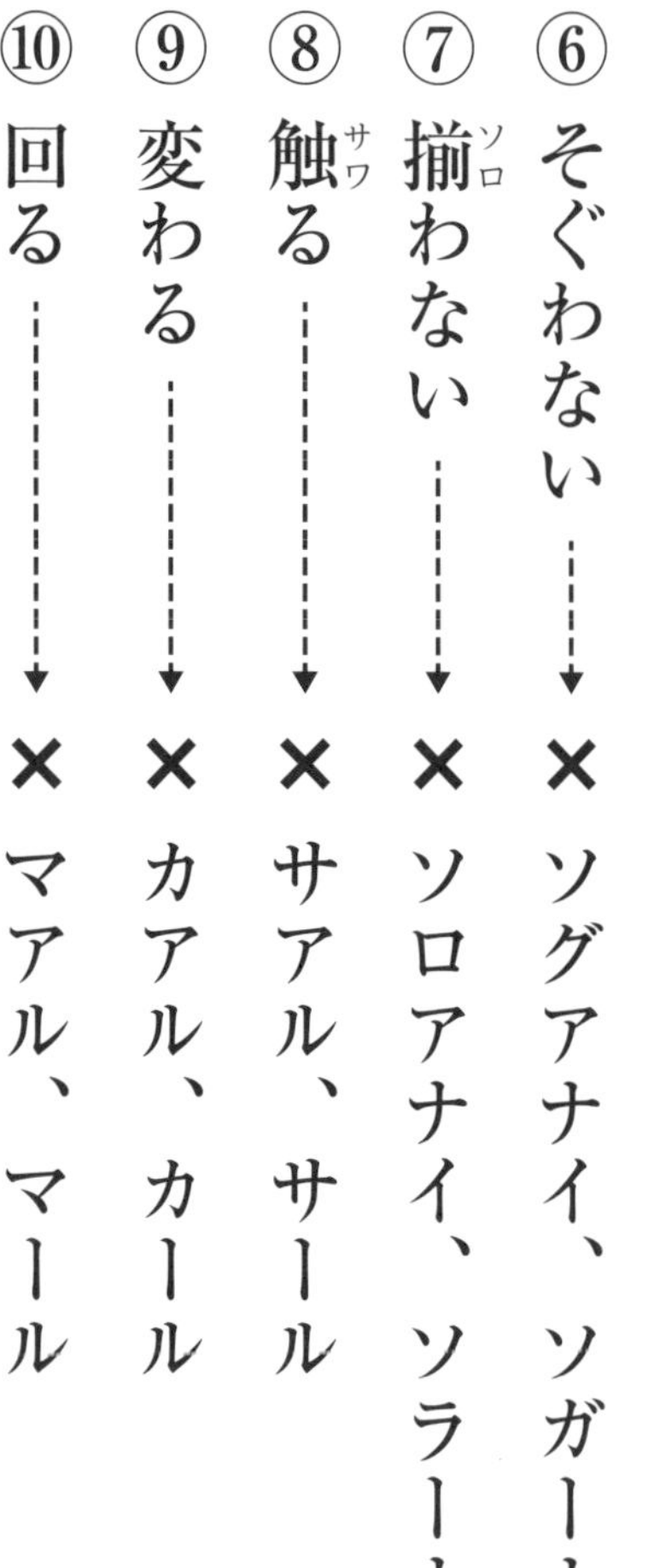

⑤紛（マギ）らわしい ……→ ×マギラーシイ

⑥そぐわない ……→ ×ソグアナイ、ソガーナイ

⑦揃（ソロ）わない ……→ ×ソロアナイ、ソラーナイ

⑧触（サワ）る ……→ ×サアル、サール

⑨変わる ……→ ×カアル、カール

⑩回る ……→ ×マアル、マール

「ワ」の発音をしっかり滑らかにできましたか？　口周りを意識して、かつ力まずに動かして。

ゆっくり
しっかり
発音できた

文で練習

4日目

これまで、口や舌の動きを改善し、一つひとつの音をはっきり発音する練習をしてきました。４日目はこれを文で練習してみましょう。

合わせ鏡が合わずに慌てる

わたしたちのたわいもない話

わたし、あたし、わたくし、あたくし

万歩計つけてルンルン散歩で何歩歩く？

POINT アワセがアーセにならないように

POINT タワイは口をしっかり動かして

POINT ワとアの発音の区別をつけて

POINT ンを急がないように

STEP 1 ハッキリ言えるようになったら、少しずつ速くしましょう。

STEP 2 一つの文を３回繰り返しましょう。

毎日、歩いたり話したり、体を動かしたいですね。

11週目 わ行

長い文で練習

少し長い文にチャレンジします。早口言葉のようで面白いですね。ゆっくり、正確に、はっきりと。声を出すことが楽しくなりますよ。

若い赤いお顔の若本さんにお会いする

ハワイの祝いの宴席でワイワイ騒いでフワフワうわつき宴たけなわ

今回の試験は全333ページの本からまんべんなく設問

森林公園近辺の飲食店で天井まん丸あんぱん

旬のぽんかん食べた満腹管理人

POINT ワカイとアカイを混同しないように

POINT たくさん出てくるワの発音はどれもはっきりと

POINT 数字の333は落ち着いて

POINT 光景を想像しながら言ってみましょう

STEP 1 ハッキリ言えるようになったら、少しずつ速くしましょう。

STEP 2 一つの文を3回繰り返しましょう。

明るい気持ちでしっかり口を動かして丁寧に言いましょう。

チャレンジ練習

クイズ出題者

6・7日目

商店街のお祭り特設ステージでクイズを出題します。英語はカタカナのふりがなを読めば大丈夫。元気にはっきりわかりやすく言いましょう。

「ワイルドだねえ」でおなじみのワイルドということば。アルファベットで書くと2番目の文字はI（アイ）とY（ワイ）のどちらでしょうか？ヒントはこの文字、W（ダブリュー）I（アイ）L（エル）D（ディー）です。さあ、わかった人？……正解は、I（アイ）です。Y（ワイ）だと思った方は残念ながらはずれです。

11週目 わ行

上達+α 言いにくい名前あれこれ

色々な名前にも言いにくいものがたくさんありますね。あなたはいくつ言えますか？

- 酒々井(シスイ)町(マチ)東(ヒガシ)酒々井(シスイ)（千葉県印旛郡）
- 杵築(キツキ)市(シ)杵築(キツキ)（大分県）
- 志布志(シブシ)市(シ)志布志(シブシ)町(チョー)志布志(シブシ)（鹿児島県）
- サンクトペテルブルク（ロシア）
- コロラド州（アメリカ）

- 栃乃洋(トチノナダ)、北の洋、朝青龍(アサショーリュー)

- リヒャルト・シュトラウス交響詩
  ツァラトゥストラはかく語りき（SF映画のテーマソングにも）
- シンボリルドルフ（競走馬）
- メリルリンチ（金融機関名）
- 消費者庁
- 日暮里(ニッポリ)・舎人(トネリ)ライナー（東京都内の新交通システム）
- セアカゴケグモ（外来種毒グモ）
- ぎょしゃ座（冬の星座）

強化練習 その2

第**12**週は、小さい「ャ」「ュ」「ョ」などが含まれた言いにくいことばやカタカナ言葉を重点的に練習しましょう。さらに、うっかり言い間違えてしまう言葉練習もお楽しみに。

ここに注意！

これらをおろそかにしてしまうと、歯切れが悪くなったり聞き間違えが起こります。また、早口の原因にもなってしまいます。

「りゃ」
「りょ」「りゅ」

「ぱっ」「びゅっ」

「きゃ」「きゅ」
「きょ」

「あっ」「きゃっ」

ONEPOINT

文字をよく見て丁寧に言いましょう。落ち着いた感じの話し方となり印象が上がります。

いよいよ最終週。明るく楽しく練習開始！

小さい「ャ」「ュ」「ョ」

1日目

小さい「ャ」「ュ」「ョ」がたくさん入っている言葉が続くととても言いにくいですね。練習文で一音一音確認しながらはっきり言ましょう。

体力気力とも余力を残し
本領発揮　面目躍如（メンモクヤクジョ）

POINT リョクを力まないように

技術者出身の
社長室長と秘書室長

POINT 意味の切れ目で少し切るつもりで

主力商品発表会終了直後に
入出場者数の調査書を提出

POINT 後半を慌てないように

想像上の少女を表現した
少女像（ショージョゾー）の除幕式の司会は歯科医

POINT ショージョゾーは言い難いジョゾーだけまず練習

STEP 1
ハッキリ言えるようになったら、少しずつ速くしましょう。

STEP 2
一つの文を3回繰り返しましょう。

自分では言えたつもりが、聞き返されることも。意味の切れ目で少し間を空けると言いやすくなります。

12週目 強化練習その2

小さい「ッ」

2日目

小さい「ッ」を急いで言ってしまう人がいますが、とても聞き取りにくくなります。先を急がず、小さい「ッ」も一つの音と思って丁寧に言いましょう。

こっちそっちあっちどっち

胡麻取って煎って振って

食ったらって言ったマッチョ

作家が坂でサッカー選手とばったり

会ってにこにこにっこり笑った

突っ立ってたって走ってたって

徹底的に片っ端から食ったら

太っちょになるだけだって

POINT　一つずつ丁寧に

POINT　場面を想像すると言いやすい

POINT　サッカとサカの違いがわかるように

POINT　た行が多いが力まないように

STEP 1　ハッキリ言えるようになったら、少しずつ速くしましょう。

STEP 2　一つの文を3回繰り返しましょう。

テンポよく言ってみましょう。

12週目　強化練習その2

長音「ー」

3日目

発音上伸ばすところを伸ばさずに言ってしまうと早口に聞こえたり、聞き間違いの原因に。長音「ー」をおろそかにしないようにしましょう。

大叔父（オージ）大叔母（オーオバ）同時の
大あくびが大うけ
企業競争力強化のために
重要な情報収集
恐竜滅亡と地球への隕石衝突と
氷河期について発表しよう
長期有給休暇を利用した
九州周遊旅行中に
太宰府（ダザイフ）天満宮（テンマングー）で学業成就（ジョージュ）祈願

POINT オージにならないようにオーオジ

POINT キョーとしっかり発音

POINT 内容を一つずつ確認するように言うとわかりやすくなる

POINT 学業成就でひっかかりやすいので注意が必要

STEP 1 ハッキリ言えるようになったら、少しずつ速くしましょう。

STEP 2 一つの文を3回繰り返しましょう。

最後まで丁寧に言えましたか？

カタカナの連続

4日目

カタカナが多いと目がチカチカして、声に出して読むのが難しく感じますね。一語ずつ確認するようにゆっくり読むことから始めましょう。

クリスマススペシャルとして
ラッピングサービスと
オリジナルダイアリーをプレゼント！
燃料サーチャージ込みでリーズナブルな
ペルーのマチュピチュツアーをチェック
マサチューセッツ工科大学留学中に
グランドキャニオンを流れるコロラド川を訪れる
ビュッフェのポピュラーメニューは
モッツァレラチーズとトマトの
フレッシュサラダです

STEP 1
ハッキリ言えるようになったら、少しずつ速くしましょう。

STEP 2
一つの文を3回繰り返しましょう。

かつて海外ニュースのキャスター時代にカタカナ読みオンパレードでした。

12週目 強化練習その2

うっかり言い間違え

5日目

言葉の一部を入れ替えて言ってしまったことはありませんか？間違うのは、そのほうが言いやすいから。間違えがちな単語を練習しましょう。

STEP 1 しっかり口を動かして。

STEP 2 一語一語はっきりと。

STEP 3 あせらずゆっくり

① エレベーター ------→ ✕ エベレーター

② 取り沙汰される ------→ ✕ とりだたされる

③ てもちぶさた ------→ ✕ てもちぶたさ

④ リハビリ ------→ ✕ リハリビ

⑤ シミュレーション ------→ ✕ シュミレーション

⑥ コミュニケーション ------→ ✕ コミニュケーション

⑦ ヒマラヤ ------→ ✕ ヒラマヤ

⑧ 秋葉原（アキハバラ） ------→ ✕ あきばはら

⑨ 小包 ------→ ✕ こつずみ

⑩ 一つずつ ------→ ✕ ひとずずつ

12週目 強化練習その2

チャレンジ練習

SF映画の台詞とト書き

6・7日目

ＳＦ映画のセリフとト書きです。緊迫した雰囲気が伝わるように気分を出して言ってみましょう

「これはただならぬことだ。
直ちに地球中央情報局（チキューチューオージョーホーキョク）に宇宙
情報を集約し、危機的状況の
詳細調査（ショーサイチョーサ）を開始せよ！」
地球中央情報局局長は、極度
に緊張した面持ちでたたみか
けるように指図（サシズ）した。

まとめのテスト

ここまで練習してきたことを思い出して、5つの文を言いましょう。

①余力があれば是々非々（ゼゼヒヒ）主義を是非説明して

②社長が座長に自社の事情を主張した事実

③骨粗しょう症予防と生活習慣病予防で健康寿命を延ばそう

④機器損壊により技術力に頼らず極力気力で記録せよ

⑤とろかけご飯と卵かけご飯とおかかかけご飯はどれも格別

- 姿勢よく言えた ………………… 20点
- お腹から声を出して言えた ………… 20点
- 口をしっかり動かして言えた ……… 20点
- 全てつかえずに言えた ……………… 20点
- 全て楽しく滑らかに言えた ………… 20点

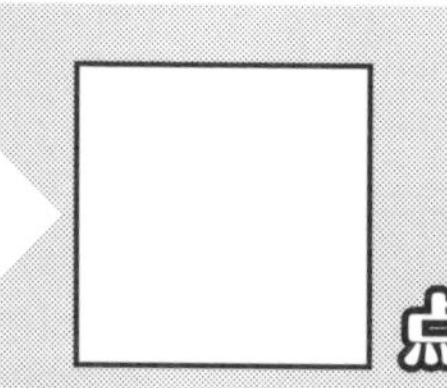

点

全部クリアできれば100点！あなたは何点とれましたか？

まとめのテストのおさらい

まとめのテストはいかがでしたか？　それぞれの文を見直しましょう。
できなかったところは、注意点をヒントに繰り返し言ってみてくださいね。

①余力があれば是々非々主義を是非説明して

POINT ゼゼヒヒは力まないように。

②社長が座長に自社の事情を主張した事実

POINT 似た言葉に惑わされないように

③骨粗しょう症予防と生活習慣病予防で健康寿命を延ばそう

POINT 習慣病 予防のように心の中で少し切ると言いやすい

④機器損壊により技術力に頼らず極力気力で記録せよ

POINT リョクとロクを軽く言えるように部分練習を

⑤とろろかけご飯と卵かけご飯とおかかかけご飯はどれも格別

POINT ろろ…、かけかけ…、かか…と繰り返し練習

緊張感をもってテストに臨むのも脳へのよい刺激になります。

12週目 強化練習その2

総まとめ
スキルアップドリル

ここまでの内容を盛り込んだ応用練習にチャレンジしましょう。

野あざみの野で眺める東雲(シノノメ)の空

総評、商標の情報を表示する
ので見誤らないように

そこもここも真鴨(マガモ)真鴨(マガモ)三真鴨(ミマガモ)
真鴨真鴨六真鴨(ムマ)

連日熱戦が繰り広げられる
グラウンド見ながらランチも
ホットでハフハフハフホフホフホフ

POINT ナーザミ、シナナメにならぬようノをはっきり

POINT ソーヒョー、ショーヒョーの違いがわかるように

POINT マガモは大きく口を開けて全体に慌てずに

POINT ハフハフホフホフは腹式呼吸で吐く息を調整して

ここまでがんばってきましたね。前向きな明るい気持ちでチャレンジすれば必ず上達します。自分なりの一歩一歩を楽しんでくださいね。

交響曲、協奏曲、組曲を視聴し、結局一曲選曲した企画会社顧客係

脈々と受け継がれてきた伝統技術を守り続ける

やっと葉緑素（ヨーリョクソ）抽出に成功との記事が取り沙汰されている

シャルルドゴール空港からルーブル美術館へ向かい、ルージュを塗り広場でツィゴイネルワイゼンを聞くフレンチ料理シェフ

POINT キャ、キョをはっきり言えるように繰り返し練習を

POINT 脈々でもたつかないように

POINT ヨーリョクソチューシュツを丁寧に

POINT 一つひとつのことばを確認し、情景を想像すると言いやすい

番外編

口のエクササイズ
〜大きく口を動かす練習〜

大きく口を開ける音がたくさん入っていますね。ゆっくり！はっきり！力まずに！　丁寧に発音しましょう。

→

アアアオアウアエアイ

カカカコカクカケカキ

サササソサスサセサシ

タタタトタツタテタチ

ナナナノナヌナネナニ

ハハハホハフハヘハヒ

マママモマムマメマミ

ヤヤヤヨヤユヤエヤイ

ラララロラルラレラリ

ワワワオワウワエワイ

ちょっとした空き時間に、この一覧表を見て、口を動かす練習をしてみてください。一日のはじまりに、このエクササイズをするのを習慣にしてもいいですね。

おわりに

皆さんはこのドリルにチャレンジし、一歩一歩を大切に進んできました。歩みは人によって様々ですが、必ず身についていることと思います。自信をもって顔を上げて話してください。明るくはつらつと話す姿が周囲の目に映るはずです。

話すことには心が大いに関係しています。私なんてまだまだとか、滑舌に自信がないと思っただけでも滑舌は悪くなってしまいます。それはとても残念なことです。皆さんはここで積んできたものをご自身の財産として、次の一歩を踏み出していただければと思います。

ここで一つお願いがあります。

人間の体の機能は使わなければ衰えてしまいます。しっかり声を出して口を動かすこと、表情や姿勢を保つこと、何とか言えるようになろうと試行錯誤したあの気持ちと感覚、できた喜びなど全てが、やめてしまったら衰えます。

このドリルを、1回だけのものにせず、ぜひ、身近においていつでも何度でもチャレンジしていただきたいのです。2度目3度目はまた違った発見感動があり、滑舌力の向上だけでなく、脳や体への大きなよい刺激となります。

これからもこの本が、皆さんの前向きな一歩一歩のお役にたてれば幸いです。

花形 一実

■ 著者プロフィール

花形　一実（はながた　ひとみ）

フリーランスアナウンサー・
話し方＆アナウンス講師

元テレビ静岡（フジテレビ系列）アナウンサー。テレビ、ラジオ番組において、ニュース・情報・科学・経済・娯楽番組などのキャスター、リポーター、司会として様々な現場で活動すること20年以上。番組作りにも深く関わる。現在、一般からプロまでの、話し方やアナウンスの指導に力を入れている。具体的事例や実習をふんだんに取り入れた内容で、企業、官公庁、大学、中高校、カルチャースクール、アナウンス学校等で講師をする。心身面からのアプローチにも着目し、健康福祉運動指導者、健康管理士でもある。著書『東京ワーキングマザーお助けガイド～妊娠・出産・保育園～』（編・共著）、『会話力があがる大人のはきはき滑舌上達ドリル』ほか。

ホームページ　http://www.shigotodehanasu.com　（仕事で話す.com）

■ 編集・制作：有限会社イー・プランニング
■ 編集協力：石井　栄子
■ デザイン・DTP：大野　佳恵
■ イラスト：中島　慶子

ボケない大人のはきはき「滑舌ドリル」新版
1日3分声出し練習で発音・表情・脳を活性化

2021年　8月30日　　　第1版・第1刷発行

著　者　花形　一実（はながた　ひとみ）
発行者　株式会社メイツユニバーサルコンテンツ
　　　　代表者　三渡　治
　　　　〒102-0093 東京都千代田区平河町一丁目1－8
印　刷　三松堂株式会社

 ISBN978-4-7804-2512-3　C2081　Printed in Japan.

ご意見・ご感想はホームページから承っております。
ウェブサイト　https://www.mates-publishing.co.jp/

※本書は2016年発行の『ボケない大人のはきはき「滑舌ドリル」1日3分声出し練習で発音・表情・脳を活性化』を「新版」として発売するにあたり、内容を確認し一部必要な修正を行ったものです。

編集長：折居かおる　副編集長：堀明研斗　企画担当：折居かおる